ポリ袋でつくる

たかこさんのあたらしい焼き菓子

材料を混ぜて焼くだけの
かんたん・おなか満足レシピ

稲田多佳子

誠文堂新光社

はじめに

　ポリ袋で作る焼き菓子シリーズ、3冊目のレシピ本ができました。

　今回の本ではこれまでの本と同様に、型を使わず手でラフに成形するお菓子、ポピュラーなマフィン型やパウンド型で作るお菓子に加え、マドレーヌ型、レモン型、リング型やタルト型など気分の変わる素敵な型を少し使ってみたり、季節のフルーツをたっぷり使ったりして、「ポリ袋でここまでできるの？」というキラリと光る表情のお菓子に仕上げました。作るのが楽しくなって、きっとみんなに自慢したくなるようなラインナップです。

　CHAPTER1では、マフィンやケーキ、スコーンなど、毎日作りたくなるカジュアルなお菓子がずらり。ポリ袋でもボウルでも気分に合わせた製法を選べるよう、それぞれのプロセスを記載しました。手順の違いを見比べていただいてもおもしろいかもしれません。

　CHAPTER2では、きっとだれもがポリ袋で作れるとは思わないであろう正統派のお菓子をうんとかんたんな作り方にアレンジして、CHAPTER3では、わたしが最近気に入って焼いているあたらしいお菓子レシピをいろいろご紹介します。

　CHAPTER4では、ポリ袋とボウルを併用して、ボウルだけだと難しくてたいへんな、本格的なお菓子作りをポリ袋が大きくサポート。お店みたいなタルトやフロランタンをささっとかんたんに作って、みんなを驚かせましょう。特別な日に時間をかけて、腕を振るって作っていたお菓子が、がんばらなくてもラクラク作れちゃうような、身近な毎日のお菓子に変わりますよ。

稲田多佳子

最初に押さえておきたいポリ袋で作るポイント

計量はボウルなどの器にポリ袋をかぶせる

ボウルなどの器にポリ袋をかぶせてスケールに乗せ、表示を0にセットします。

粉類を1種類入れ終わるごとに表示を0にリセットして、残りの粉類を入れていきます。

液体類は計量カップやグラスなどを使用。表示を0にリセットしながら材料を入れていきます。

振る時は口をしっかりねじる

ポリ袋に粉類を入れる

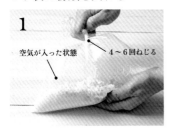

空気が入った状態　4〜6回ねじる

食品用ポリ袋に材料の粉類をすべて入れ、空気が入った状態で袋の口を4〜6回ねじり、しっかり閉じます。

50回以上振る

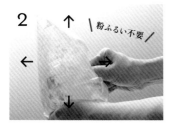

粉ふるい不要

前後左右に50回以上振ります。これが粉類をふるう作業になります。塊がある時は外から指でつぶします。

液体類を入れて振る

泡立て器不要

2の袋の口をあけ、材料の液体類を混ぜ合わせたものを入れて再び袋の口をねじり、20〜30回程度振ってなじませます。

揉む時は中の空気を抜く

〈水分の多いマフィンやケーキの場合〉
空気を抜く

袋の口をあけ、手の平でポリ袋の中の空気を抜きます。こうすることで、次のプロセスがやりやすくなります。

外から揉む

再び袋の口をねじるかひと結びして、なめらかになるまで50〜60回程度揉み混ぜます。塊があれば外からつぶしながら揉み混ぜます。

〈水分の少ないクッキーやスコーンの場合〉

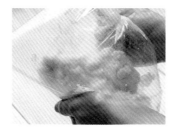

液体類を加えたら、大きな塊ができるくらい〜ほぼまとまるくらいまで振り混ぜます。生地を時々握ったり転がしたりしながら振り混ぜると次第にまとまってきます。

もくじ

CHAPTER 1

ポリ袋でもボウルでも作れる ちょっと欲張りでかわいいお菓子

CHAPTER 2

ポリ袋ならびっくりするほどかんたん！ 一度は作ってみたい人気のお菓子

CHAPTER 3

「もっとおいしく、もっとかんたんに」を求めたら行き着いたあたらしい味のお菓子

CHAPTER 4

ポリ袋 + ボウルでぐっと身近になったあこがれのお菓子

レシピの決まり

・レシピ内の大さじは15㎖、小さじ1は5㎖です。

・塩の分量で、ひとつまみは親指、人さし指、中指の3本の指先でつまんだ量です。少々は親指と人さし指の2本の指先でつまんだ量です。

・オーブンはガスオーブンを使用しています。機種や熱源によって焼き時間に違いがでるので、様子を見ながら加減してください。

・電子レンジは出力600wのものを使用しています。

🥣 ボウルアイコン

「ボウルを使って作りたい」「ボウルのほうが慣れている」という方のために、ボウルを使って作る方法も一部解説しています。

基本の道具

ポリ袋のお菓子作りでは、こんな道具を使ってお菓子をおいしく作ります。ボウルを使って作る場合は右ページに掲載した道具も必要になりますので、レシピに応じて準備しましょう。

ポリ袋で作る

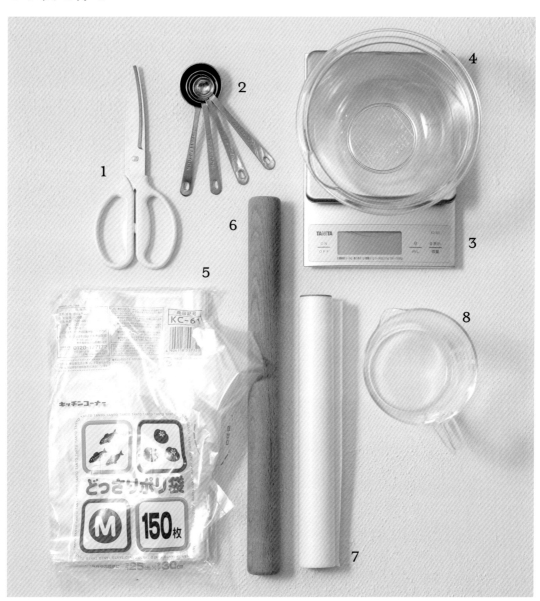

1ハサミ／ポリ袋の隅を切ったり、切り開いたり。オーブンシートを切ったりする時にも使用。2計量スプーン／少量の粉類や液体材料を量る時に。大さじは15ml、小さじは5ml。小さな小さじ1/2、1/4もあると重宝します。3スケール／1g単位で誤差なくかんたんに量れるデジタル表示のものがとても便利。4ボウル／直接ボウルに材料を入れるのではなく、ポリ袋をボウルにセットしてポリ袋を安定させるために使用。適当な大きさの丼やサラダボウルなどでも代用可。5ポリ袋／縦30×横25cm、「中」や「Mサイズ」とされている、ごく一般的な食品用ポリ袋を使用。厚さは0.02mm以上のものを。6めん棒／一部のレシピで生地を均一にのばす時や、ナッツを砕いたりする時などに使用。100円ショップでも気軽に手に入ります。7オーブンシート／くっつかない加工のされた紙製のシート。天板や型に敷いて、お菓子を取り出しやすくします。8計量カップ／液体材料を混ぜたり、バターを溶かしたり。本書では容量500mlのものを主に使用。液体材料の少ないレシピでは、もっと小さなもので大丈夫。マグカップや丈夫なグラスでもかまいません。電子レンジにかける場合はレンジOKの材質のもので。

ボウルで作る

1ゴムベラ／耐熱のシリコン製で、ヘラ部分に適度なしなりのあるものが扱いやすいです。柄とヘラの部分が一体型だと、洗いやすくて衛生的です。2泡立て器／グリップ部分が手になじんで持ちやすく、ワイヤーのしっかりした作りのものを。3ボウル／本書では、直径18cmのステンレス製を使用しました。取っ手つきを使っていますが、取っ手のないものでももちろんかまいません。4粉ふるい／片手でシャカシャカとハンドルを握ってふるうタイプで、網の部分が2重になっているものを使っています。ザルやストレーナーなどでもOK。

使用する型

マフィン型／直径7×深さ3cmの型が6個連結されているものを使用。

ホーローバット／21×16.5×深さ3cmのものを使用。野田琺瑯製、キャビネサイズです。

マドレーヌ型／7×6.8cmの型が6個連結されているものを使用。松永製作所製のホタテ型です。

リング型／直径18cmのものを使用。真ん中が空洞になっていて熱回りのよい型です。エンジェル型とも呼ばれます。

パウンド型／18×8×深さ8cmのものを使用。こちらはマトファー社のケークドロワというタイプの型です。

丸型／直径15cm、底の取れるものを使用。デコレーション型とも呼ばれます。

タルト型／直径18cm、底の取れるものを使用。

レモン型／7.9×5.3×深さ2.9cmの8個連結されているものを使用。松永製作所製の型です。

基本の材料

本書で使用した、基本となる主な材料あれこれです。材料選びの参考にしながら、手に入りやすいもの、普段お使いのもので、気楽に作ってくださいね。

粉類と油脂類

1薄力粉／ケーキ生地はふんわり、スコーンやクッキー生地はさっくり。軽やかに仕上がる「特宝笠」（増田製粉所）を使用しました。2アーモンドパウダー／アーモンドを粉状に挽いたもの。ナッツの風味とコクが加わって、お菓子がリッチな味わいに。アーモンドプードルとも呼ばれます。3砂糖／溶けやすくてなじみやすい微細粒の製菓用グラニュー糖を使用。製菓材料店などでかんたんに手に入ります。4バター／食塩不使用。「高千穂バター」を使用。5オイル／軽くて油っこくない「オレインリッチ」（ひまわり油、昭和産業）を使いました。米油、太白胡麻油など、無味無臭のクセのない植物油なら何でもOK。種類よりも新鮮なものを使うのが、オイルのお菓子をおいしく作るポイントです。6ベーキングパウダー／お菓子を膨らませてくれる膨張剤。アルミニウムフリーのものが安心。7塩／粒子の細かいサラサラとしたものが扱いやすいです。焼き塩もおすすめ。お菓子に使う塩は、かわいくて目に入りやすいこちらのパッケージに詰め替えています。

乳製品や卵

1はちみつ／ナチュラルな甘さをつけるだけではなく、保水効果でしっとりおいしく焼きあがります。2牛乳／成分無調整で、適度なコクのあるものを。3ヨーグルト／砂糖不使用のプレーンタイプで、酸味がとても穏やかな小岩井乳業の「生乳100％ヨーグルト」を使用。4生クリーム／風味と口溶けのよい動物性で、乳脂肪分47％の純生クリームを主に使用。生地に混ぜ込むクリームは、必ず45～47％程度の高脂肪のものを使ってください。泡立ててトッピングに使うクリームは、35％程度の軽いものでも大丈夫です。5卵／Lサイズを使用。1個につき正味量60ｇで、卵黄は20ｇ、卵白は40ｇとしてレシピを出しました。

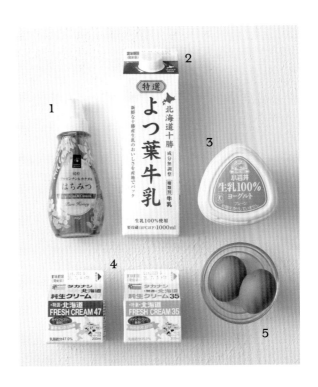

ドライフルーツなど

本書で使用したお菓子をおいしくする副材料、いくつかピックアップしてご紹介します。どれも製菓材料店などで手に入ります。

オレンジピール／うめはらの砂糖と洋酒漬け。しっとりタイプで小さく刻んであります。スコーンとフロランタンで使用。

レモンピール／うめはらの砂糖と洋酒漬け。しっとりタイプ。小さく刻んであります。シュトレン風で使用。

ミックスフルーツ／オレンジ、レーズン、りんご、チェリー、パインがミックスされた、うめはらの砂糖と洋酒漬け。アイスボックスクッキーで使用。

ベリーミックス／クランベリー、カシス、チェリー、ブルーベリー。4種類のドライフルーツがミックスされています。シュトレン風で使用。

グラハム粉／小麦を丸ごと挽いた食感のある粉。香ばしくガリガリッとした粒がアクセントになります。ビスコッティクッキーとチーズケーキで使用。

ブルーポピーシード／黒に近い青色のけしの実。ぷちぷちとした食感も楽しめます。フィナレーヌで使用。

CHAPTER 1
ポリ袋でもボウルでも作れる
ちょっと欲張りでかわいいお菓子

具だくさんの欲張りマフィンやトッピングがにぎやかに映えるケーキ、
焼き立てのサクふわ食感を楽しみたいオイルスコーンなど、
毎日のおやつ作りに一年中役立つこと間違いなしの
かんたんなレシピを集めました。
洗いものを減らして時短かつ合理的に作りたい時はポリ袋で。
時間に余裕があってお菓子作りをのんびりと
楽しみたい気分の時にはボウルを使って。
ポリ袋で作ってもボウルで作っても着地点は同じ。
どちらもおいしく焼きあがります。

いちご×あんこ×
クリームチーズのマフィン

いちごとあんことクリームチーズ、果物と和と洋の素材がマフィン生地の中で、
なかよくおいしくまとまりました。あんこは、白あんで作るのもおすすめ。

材料（直径7cmのマフィン型6個分）

A 薄力粉…110g　ベーキングパウダー…小さじ1
｜塩…少々　グラニュー糖…60g

B 卵…1個　オイル…65g
｜ヨーグルト…50g　牛乳…40g

いちご小粒…9個
あんこ…90g
クリームチーズ…60g

下準備

・卵は室温に戻す。
・いちごは縦半分に切る。
・型にグラシンカップを入れる。
・オーブンを170℃に温める。

作り方　ポリ袋でもボウルでも、どちらでもおいしく作ることができます。プロセスを見比べてお好みの作り方で。

 ポリ袋でスタート

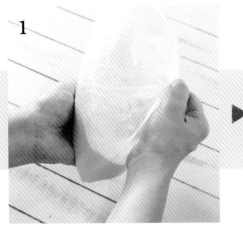

1　ポリ袋にAを入れ、袋の口をねじってしっかりと閉じ、よく振ってふるい合わせる。

2　Bを計量カップなどに入れてフォークでよく混ぜ、1に加える。

次の
ページへ

 ボウルでスタート

1　ボウルに卵を入れて泡立て器でほぐし、グラニュー糖と塩を加えてよく混ぜる。

2　オイル、ヨーグルトと牛乳を順に加え、その都度よく混ぜる。

次の
ページへ

ポリ袋つづき

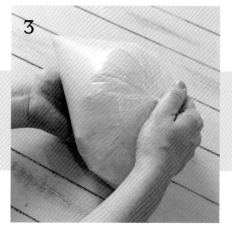

3

袋の口をねじってしっかりと閉じ、振り混ぜ
てなじませる。

4

材料がなじんだら空気を抜き、袋の口をねじ
ってしっかりと閉じ、揉み混ぜてなめらかな
状態にする。

ボウルつづき

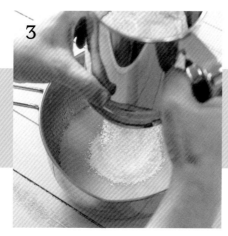

3

薄力粉とベーキングパウダーを合わせてふる
い入れる。

4

ぐるぐる混ぜてなめらかな状態にする。

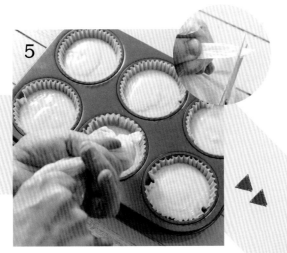

袋の隅をハサミで切って型にしぼり入れる。

ゴムベラで型に流し入れる。

あんことクリームチーズ（ちぎる）を軽く埋め、いちごを3個ずつ乗せて、170℃のオーブンで25分ほど焼いたら完成。

コーヒー×クリームチーズ× チョコレート×クランブルのマフィン

コーヒータイムが楽しくなること間違いなしの、おいしさてんこ盛り! マフィン生地も
クランブルもオイルを使うからとても作りやすい、贅沢で欲張りなマフィンです。

材料(直径7cmのマフィン型6個分)

クランブル
A薄力粉…35g
│アーモンドパウダー…15g
│グラニュー糖…15g
│塩…少々
オイル…15g

マフィン生地
B薄力粉…110g
│インスタントコーヒー(顆粒)…大さじ1
│ベーキングパウダー…小さじ1
│塩…少々
│グラニュー糖…60g
C卵…1個
│オイル…65g
│ヨーグルト…45g
│牛乳…50g
クリームチーズ…60g
板チョコレート…50g

下準備

・卵は室温に戻す。
・型にグラシンカップを入れる。
・オーブンを170℃に温める。

ポリ袋で作る

1 クランブルを作る。ポリ袋にAを入れ、袋の口をねじってしっかりと閉じ、よく振り混ぜる。オイルを加え、袋の口をねじってしっかりと閉じ、よく振り混ぜてぽろぽろのそぼろ状にする(POINT参照)。

2 マフィン生地を作る。別のポリ袋にBを入れ、袋の口をねじってしっかりと閉じ、よく振り混ぜる。

3 Cを合わせ、フォークでよく混ぜて2に加える。袋の口をねじってしっかりと閉じ、振り混ぜてなじませた後、揉み混ぜてなめらかな状態にする。

4 袋の隅をハサミで切って型に入れる。

5 クリームチーズ(ちぎる)を軽く埋め、チョコレートを適当な大きさに割って差し込み、クランブルを乗せて、170℃のオーブンで25分ほど焼く。

ボウルで作る

1 クランブルを作る。ボウルにAを入れて泡立て器でよく混ぜる。オイルを加え、フォークで手早くよく混ぜてぽろぽろのそぼろ状にする。

2 マフィン生地を作る。別のボウルに卵を入れて泡立て器でほぐし、グラニュー糖と塩を加えてよく混ぜる。

3 オイル、ヨーグルトと牛乳を順に加え、その都度よく混ぜる。

4 薄力粉とベーキングパウダーを合わせてふるい入れ、インスタントコーヒーも顆粒のまま加えて、ぐるぐる混ぜてなめらかな状態にする。

5 ゴムベラで型に入れる。

6 以降、ポリ袋の5と同様。

POINT

ポリ袋でクランブルを作る

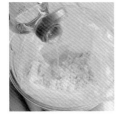
粉類を振り混ぜたらオイルを加える。

よく振り混ぜるとぽろぽろとした大小の塊ができる。

全体がそぼろ状になる。大きくかたまりすぎたら、ほぐして使う。

キウイ×ブルーベリーのケーキ

ホーローバットでラフに四角く焼くお菓子が大好きです。表面積が広いため、トッピングがにぎやかに映えるのも大きな魅力。キウイとブルーベリーは、難しく考えず、気ままに自由に散らして焼いてみてください。

材料 (21×16.5×深さ3cmのバット1台分)

A 薄力粉…80g
 アーモンドパウダー…30g
 ベーキングパウダー…小さじ1
 グラニュー糖…65g
 塩…少々

B オイル…65g
 卵…1個
 ヨーグルト…70g

キウイ…1～2個
ブルーベリー…30粒ほど
粉砂糖…適量

下準備

・卵は室温に戻す。
・キウイは皮をむいて薄切りにし、キッチンペーパーにとる。
・バットにオーブンシートを敷く。
・オーブンを170℃に温める。

ポリ袋で作る

1 ポリ袋にAを入れ、袋の口をねじってしっかりと閉じ、よく振り混ぜる。

2 Bを合わせ、フォークでよく混ぜて1に加える。袋の口をねじってしっかりと閉じ、振り混ぜてなじませる。

3 空気を抜き、袋の口をねじってしっかりと閉じ、揉み混ぜてなめらかな状態にする。

4 袋の隅をハサミで切ってバットに入れ、菜箸でざっとならす（POINT参照）。

5 キウイとブルーベリーを散らし、粉砂糖をふって、170℃のオーブンで28分ほど焼く。

ボウルで作る

1 ボウルに卵を入れて泡立て器でほぐし、グラニュー糖と塩を加えてよく混ぜる。

2 オイル、ヨーグルトを順に加え、その都度よく混ぜる。

3 薄力粉、アーモンドパウダー、ベーキングパウダーを合わせてふるい入れ、ぐるぐる混ぜてなめらかな状態にする。

4 ゴムベラでバットに入れ、表面をざっとならす。

5 以降、ポリ袋の5と同様。

POINT
生地をバットに入れる

揉み混ぜ終えたポリ袋の隅をハサミで切る。

ポリ袋を絞るようにしてバットに入れる。

菜箸で生地をならす。

果物を散らし、粉砂糖をふる。

アメリカンチェリー×ラズベリーのココアケーキ

ラム酒がほんのり香るココア生地に、深い色味のアメリカンチェリーとラズベリー。
シックでいて華やかなお気に入りの組み合わせです。
アメリカンチェリーは種を抜いて、食べやすくしてから焼き込みました。

材料 (21×16.5×深さ3cmのバット1台分)

A 薄力粉…65g
　ココアパウダー…15g
　アーモンドパウダー…30g
　ベーキングパウダー…小さじ1
　グラニュー糖…65g
　塩…少々

B オイル…65g
　卵…1個
　ヨーグルト…65g
　ラム酒…大さじ1/2

アメリカンチェリー…10粒ほど
ラズベリー(冷凍)…40g
ホワイトチョコレート…5gほど

下準備

・卵は室温に戻す。
・アメリカンチェリーは種を取る。半分に切りキッチンペーパーにとる(下記参照)。

アメリカンチェリーは専用の種抜き器を使うと便利。

ナイフで取る場合は、種の周囲にぐるりとペティナイフを入れて2等分し、種を取る。

・バットにオーブンシートを敷く。
・オーブンを170℃に温める。

ポリ袋で作る

1 ポリ袋にAを入れ(ココアパウダーは茶こしを通す。POINT参照)、袋の口をねじってしっかりと閉じ、よく振り混ぜる。

2 Bを合わせ、フォークでよく混ぜて1に加える。袋の口をねじってしっかりと閉じ、振り混ぜてなじませた後、揉み混ぜてまんべんなくなめらかな状態にする。

3 袋の隅をハサミで切ってバットに入れ、菜箸でざっとならす。

4 アメリカンチェリーとラズベリーを散らし、170℃のオーブンで28分ほど焼く。

5 ケーキが冷めたら、ホワイトチョコレートを細かく刻み、電子レンジか湯煎にかけて溶かし、スプーンでまわしかける。

ボウルで作る

1 ボウルに卵を入れて泡立て器でほぐし、グラニュー糖と塩を加えてよく混ぜる。

2 オイル、ヨーグルト、ラム酒の順に加え、その都度よく混ぜる。

3 薄力粉、ココアパウダー、アーモンドパウダー、ベーキングパウダーを合わせてふるい入れ、ぐるぐる混ぜてなめらかな状態にする。

4 ゴムベラでバットに入れ、表面をざっとならす。

5 以降、ポリ袋の4〜5と同様。

POINT

生地にココアを入れる

生地にココアを入れる時は茶こしなどを通す。

小さなスプーンをくるくる回しながら網目に通すとよい。

いろいろ野菜のケークサレ

玉ねぎ、いんげん、ベーコンを生地に混ぜ込んで、ミニトマトと黒オリーブをトッピングし、粉チーズをふって焼きました。いろいろな野菜がこれひとつでお洒落に食べられるのがうれしいポイント。甘くない塩味のおかずケーキです。

材料 (21×16.5×深さ3cmのバット1台分)

A 薄力粉…100g
　粉チーズ…20g
　ベーキングパウダー…小さじ1
　グラニュー糖…15g
　塩…小さじ1/4

B オイル…55g
　卵…1個
　ヨーグルト…40g
　牛乳…30g

玉ねぎ…1/4個
いんげん…80g
ベーコン(ブロック)…50g
ミニトマト、黒オリーブ水煮(種抜き、スライス)、オリーブオイル、塩、黒胡椒、トッピング用の粉チーズ
　…各適量

下準備

・卵は室温に戻す。
・玉ねぎは薄切り、いんげんは約2cm長さ、ベーコンは小さな角切り、ミニトマトは半分に切る。
・バットにオーブンシートを敷く。
・オーブンを170℃に温める。

PROCESS

1-a

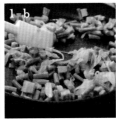
1-b

ポリ袋で作る

1 具材を作る。フライパンにオリーブオイルを熱し、玉ねぎを炒める。しんなりしたらいんげんとベーコンを加えてさっと炒め合わせ、軽く塩と黒胡椒をふり火を止める。

2 ケーキ生地を作る。ポリ袋にAを入れ、袋の口をねじってしっかりと閉じ、よく振り混ぜる。

3 Bを合わせ、フォークでよく混ぜて2に加える。袋の口をねじってしっかりと閉じ、振り混ぜてなじませた後、1を加え、揉み混ぜてなめらかな状態にする。

4 袋の隅をハサミで切ってバットに入れ、菜箸でざっとならす。

5 ミニトマトと黒オリーブを散らし、粉チーズをふって、170℃のオーブンで25～30分焼く。好みで仕上げに黒胡椒をふる。

ボウルで作る

1 ポリ袋の場合と同様に具材を作る。

2 ケーキ生地を作る。ボウルに卵を入れて泡立て器でほぐし、グラニュー糖と塩を加えてよく混ぜる。

3 オイル、ヨーグルトと牛乳を順に加え、その都度よく混ぜる。

4 薄力粉とベーキングパウダーを合わせてふるい入れ、粉チーズも加え、ぐるぐる混ぜてなめらかな状態にする。

5 1を加え、ゴムベラで全体に混ぜ込んでバットに入れ、表面をざっとならす。

6 以降、ポリ袋の5と同様。

ジンジャー×
ホワイトチョコレートのスコーン

ピリッとさわやかな辛みがみずみずしい新生姜(しょうが)を、生のまま細かく刻んで使用。
とろりとコーティングしたホワイトチョコレートのミルキーな甘さが生姜の鋭角な風味を
丸く包んでくれます。クセになるおいしさです。

材料（6個分）

A 薄力粉…120g　ベーキングパウダー…小さじ1
　　きび砂糖…20g　塩…ひとつまみ

B オイル…45g　ヨーグルト…45g

新生姜…40g
ホワイトチョコレート（コーティング用）…30g

下準備

・新生姜はみじん切りにする。
・ホワイトチョコレートは粗く刻む。
・天板にオーブンシートを敷く。
・オーブンを180℃に温める。

作り方　ポリ袋でもボウルでも、どちらでもおいしく作ることができます。プロセスを見比べてお好みの作り方で。

 ポリ袋でスタート

ポリ袋にAを入れ、袋の口をねじってしっかりと閉じ、よく振ってふるい合わせる。

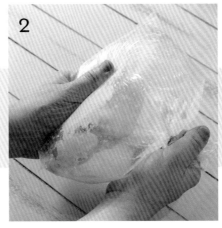

Bを計量カップなどに入れてフォークでよく混ぜ、1に加える。新生姜も加える。袋の口をねじってしっかりと閉じ、ほぼまとまるまで振り混ぜる（時々生地を軽く握りながら振り混ぜるとよい）。

 ボウルでスタート

ボウルにオイル、ヨーグルト、きび砂糖、塩を入れ、泡立て器でよく混ぜる

薄力粉とベーキングパウダーを合わせてふるい入れる。新生姜も加え、ゴムベラで切るようにして混ぜる。

次の
ページへ

ポリ袋つづき

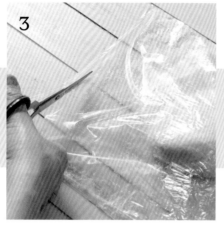

3

4

袋に生地がほぼつかなくなるくらいにまとまったら、ハサミで袋の2辺を切り、シート状に開く。

生地をのして広げ、二つ折りにしてのす。

ボウルつづき

3

4

生地がまとまって来たところ。

生地がほぼまとまったら半分に切る。

5

4を3〜4回繰り返してまとめる。

6

6等分して丸め、天板に間隔をあけて並べ、180℃のオーブンで15分ほど焼く。

5

重ねて押しつける。4〜5を3〜4回繰り返してまとめる。

7

スコーンが冷めたら、電子レンジか湯煎にかけて溶かしたホワイトチョコレートをスプーンでかけて仕上げる。

デラウエア×黒糖のスコーン

デラウエアって、焼いてもとてもおいしいフルーツなんです。焼いたものとフレッシュなものの両方を味わえる、厚みのある小さなタルトみたいなスコーンを作ってみました。

材料（4個分）

A 薄力粉…120g
| ベーキングパウダー…小さじ1
| 黒糖（粉末）…15g
| 塩…ひとつまみ
B オイル…45g
| ヨーグルト…45g

デラウエア…適量
生クリーム…60g
はちみつ…5g

下準備

・天板にオーブンシートを敷く。
・オーブンを180℃に温める。

ポリ袋で作る

1 ポリ袋にAを入れ、袋の口をねじってしっかりと閉じ、よく振り混ぜる。

2 Bを合わせ、フォークでよく混ぜて1に加える。袋の口をねじってしっかりと閉じ、ほぼまとまるまで振り混ぜる。

3 ハサミで袋を切り開き、生地を二つ折りにしてのすことを3〜4回繰り返してまとめる。

4 4等分して丸め、厚みを少しつぶし、天板に間隔をあけて並べる。デラウエアを真ん中に軽く押し込むようにして乗せ（7〜8粒ずつ・トッピング用は残す）、180℃のオーブンで18分ほど焼く。

5 スコーンが冷めたら、生クリームにはちみつを加えて八分立て程度に泡立て、トッピング用のデラウエアと共にトッピングする。

ボウルで作る

1 ボウルにオイル、ヨーグルト、黒糖、塩を入れ、泡立て器でよく混ぜる。

2 薄力粉とベーキングパウダーを合わせてふるい入れ、ゴムベラで切るようにして混ぜる。だいたいまとまって来たら、生地を半分に切って重ね、押しつけることを3〜4回繰り返してまとめる。

3 以降、ポリ袋の4〜5と同様。

オレンジのスコーン

オイルで作るさっくりふんわりな生地のあちらこちらに、オレンジピールを散りばめました。
紅茶が似合うスコーンです。何も乗せずに、焼き立てをそのまま食べても美味。

材料（4個分）

A薄力粉…120g
　ベーキングパウダー…小さじ1
　グラニュー糖…20g
　塩…ひとつまみ
Bオイル…45g
　ヨーグルト…45g

オレンジピール…50g
生クリーム、オレンジ（生）
　…各適量
ミントの葉…適宜

下準備

・オレンジは薄切りにして
　好みの形に切る。
・天板にオーブンシートを敷く。
・オーブンを180℃に温める。

ポリ袋で作る

1 ポリ袋にAを入れ、袋の口をねじってしっかりと閉じ、よく振り混ぜる。

2 Bを合わせ、フォークでよく混ぜて1に加える。オレンジピールも加え、袋の口をねじってしっかりと閉じ、ほぼまとまるまで振り混ぜる。

3 ハサミで袋を切り開き、生地を二つ折りにしてのすことを3〜4回繰り返してまとめる。

4 4等分して丸め、天板に間隔をあけて並べ、180℃のオーブンで18分ほど焼く。

5 スコーンが冷めたら、生クリームを八分立て程度に泡立て、オレンジと共にトッピングする。あればミントの葉を飾る。

ボウルで作る

1 ボウルにオイル、ヨーグルト、グラニュー糖、塩を入れ、泡立て器でよく混ぜる。

2 薄力粉とベーキングパウダーを合わせてふるい入れ、ゴムベラで切るようにして混ぜる。粉気がまだ残るくらいでオレンジピールを加え、切るようにして混ぜる。だいたいまとまって来たら、生地を半分に切って重ね、押しつけることを3〜4回繰り返してまとめる。

3 以降、ポリ袋の4〜5と同様。

ココア×栗×チョコレートのシュトレン風

ホリデーシーズンに欠かせない発酵菓子のシュトレンを、
ベーキングパウダーで作る手軽なレシピにアレンジしました。
かんたんに短時間でできあがるから、12月に限らず一年中焼きたくなります。

材料（2個分）

A 薄力粉…95g
　ココアパウダー…15g
　アーモンドパウダー…50g
　ベーキングパウダー…小さじ1
　きび砂糖…30g
　塩…ひとつまみ

B 生クリーム…95g
　卵黄…1個分

栗の渋皮煮(市販)…100g
板チョコレート…50g
粉砂糖…適量

下準備

・栗はキッチンペーパーに取る。
・チョコレートは粗く刻み、
　冷蔵庫に入れておく。
・天板にオーブンシートを敷く。
・オーブンを180℃に温める。

PROCESS

ポリ袋で作る

1 ポリ袋にAを入れ（ココアパウダーは茶こしを通す）、袋の口をねじってしっかりと閉じ、よく振り混ぜる。

2 Bを合わせ、フォークでよく混ぜて1に加える。チョコレートも加え、袋の口をねじってしっかりと閉じ、ほぼまとまるまで振り混ぜる。

3 ハサミで袋を切り開き、生地をのして広げ、栗の1/2量を粗く崩して乗せる。生地を二つ折りにし、のして広げ、残りの栗を乗せる。再び生地を二つ折りにしてのすことを4〜5回繰り返してまとめる。

4 2等分し、それぞれ6.5×14cm程度の楕円に形作る。

5 天板に間隔をあけて並べ、180℃のオーブンで25分ほど焼く。

6 冷めたら粉砂糖をふって仕上げる。

ボウルで作る

1 ボウルに生クリームと卵黄を入れ、泡立て器でよく混ぜる。きび砂糖と塩、アーモンドパウダーを順に加え、その都度よく混ぜる。

2 薄力粉、ココアパウダー、ベーキングパウダーを合わせてふるい入れる。チョコレートも加え、ゴムベラでさっくりと混ぜながら（途中、栗を粗く崩して加える）、生地を時々ゴムベラで押さえるようにしてまとめる。

3 以降、ポリ袋の4〜6と同様。

レモンピール×白あん× ピスタチオナッツのシュトレン風

好きな厚さに切っていただくシュトレン風は、にぎやかな断面が目にもおいしい。
成形時、生地がべたつく場合は、手に少し水をつけると扱いやすくなります。

材料（2個分）
A 薄力粉…100g
　アーモンドパウダー…60g
　ベーキングパウダー…小さじ1
　グラニュー糖…25g
　塩…ひとつまみ
　ピスタチオナッツ…20g
B 生クリーム…80g
　卵黄…1個分

レモンピール…50g
白あん…100g
粉砂糖…適量

下準備
・ピスタチオナッツは粗く刻む。
・天板にオーブンシートを敷く。
・オーブンを180℃に温める。

ポリ袋で作る

1 ポリ袋にAを入れ、袋の口をねじってしっかりと閉じ、よく振り混ぜる。

2 Bを合わせ、フォークでよく混ぜて1に加える。レモンピールも加え、袋の口をねじってしっかりと閉じ、ほぼまとまるまで振り混ぜる。

3 ハサミで袋を切り開き、生地をのして広げ、白あんの1/2量を粗く崩して乗せる。生地を二つ折りにし、のして広げ、残りの白あんを乗せる。再び生地を二つ折りにしてのすことを4～5回繰り返してまとめる。

4 2等分し、それぞれ6.5×14cm程度の楕円に形作る。

5 天板に間隔をあけて並べ、180℃のオーブンで25分ほど焼く。

6 冷めたら粉砂糖をふって仕上げる。

ボウルで作る

1 ボウルに生クリームと卵黄を入れ、泡立て器でよく混ぜる。グラニュー糖と塩、アーモンドパウダーを順に加え、その都度よく混ぜる。

2 薄力粉、ベーキングパウダーを合わせてふるい入れる。ピスタチオナッツも加え、ゴムベラでさっくりと混ぜながら（途中、レモンピールと白あんを加える）、生地を時々ゴムベラで押さえるようにしてまとめる。

3 以降、ポリ袋の4～6と同様。

ベリーミックス×くるみのシュトレン風

甘酸っぱい赤系のドライフルーツをふんだんに混ぜ込み、くるみでカリッとした歯ごたえを
加えました。食べ切りおやつにも、かわいいプチギフトにも便利な、小さめ成形です。

材料（4個分）

A 薄力粉…100g
  アーモンドパウダー…60g
  ベーキングパウダー…小さじ1
  グラニュー糖…30g
  塩…ひとつまみ
  くるみ(ロースト)…40g
  シナモンパウダー…小さじ1/8
B 生クリーム…80g
  卵黄…1個分

ベリーミックス…60g
粉砂糖…適量

下準備

・くるみはポリ袋に入れ、
  めん棒で叩いて粗く砕く。
・ベリーミックスは熱湯を
  かけてふやかし、水気を切る。
・天板にオーブンシートを敷く。
・オーブンを180℃に温める。

ポリ袋で作る

1 くるみを砕いたものとは別のポリ袋に
  Aを入れ、袋の口をねじってしっか
  りと閉じ、よく振り混ぜる。

2 Bを合わせ、フォークでよく混ぜて1
  に加える。ベリーミックスも加えて、
  袋の口をねじってしっかりと閉じ、ほ
  ぼまとまるまで振り混ぜる。

3 ハサミで袋を切り開き、生地を二つ折
  りにしてのすことを4〜5回繰り返し
  てまとめる。

4 4等分し、それぞれ6×9cm程度の楕
  円に形作る。

5 天板に並べ、180℃のオーブンで20分
  ほど焼く。

6 冷めたら粉砂糖をふって仕上げる。

ボウルで作る

1 ボウルに生クリームと卵黄
  を入れ、泡立て器でよく混
  ぜる。グラニュー糖と塩、
  アーモンドパウダーの順に
  加え、その都度よく混ぜる。

2 薄力粉、ベーキングパウダ
  ー、シナモンパウダーを合
  わせてふるい入れる。くる
  みも加え、ゴムベラでさっ
  くりと混ぜながら（途中、
  ベリーミックスを加える）、
  生地を時々ゴムベラで押さ
  えるようにしてまとめる。

3 以降、ポリ袋の4〜6と同
  様。

フルーツのアイスボックスクッキー

溶かしバターで作る、素朴な味わいのアイスボックスクッキー。
冷やし固めた生地は、冷蔵庫から出してすぐだと固くひび割れやすいので、
室温に置き、ナイフが入りやすい状態でカットしましょう。

材料（約25枚分）

A 薄力粉…100g
　グラニュー糖…25g
　塩…少々
　ベーキングパウダー…ふたつまみ

バター…55g
フルーツミックス…40g
生地にまぶすグラニュー糖…適量

下準備

・バターを電子レンジか湯煎にかけて溶かす。
・天板にオーブンシートを敷く。
・オーブンを170℃に温める。

PROCESS

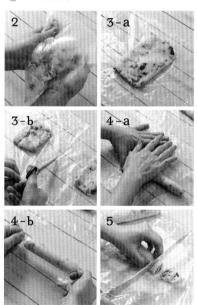

ポリ袋で作る

1 ポリ袋にAを入れ、袋の口をねじってしっかりと閉じ、よく振り混ぜる。

2 バターを1に加え、袋の口をねじってしっかりと閉じ、軽くふってなじませる。ぽろぽろの状態になったらフルーツミックスを加え、まとまるまでさらに振り混ぜる（時々軽く生地を握りながら振るとよい）。

3 ハサミで袋を切り開き、生地を二つ折りにしてのすことを7〜8回繰り返したら生地を均一にし、2等分する。ポリ袋も2等分する。

4 それぞれ約15cm長さの棒状に成形してポリ袋で包み、両端をねじってキュッと引き締める（13cmほどになる）。冷蔵庫で20分以上休ませる。

5 4を取り出し、グラニュー糖をまぶしつけて（POINT参照）9mm程度の厚さに切り分ける。形を整えて天板に並べ、170℃のオーブンで14分ほど焼く。

ボウルで作る

1 ボウルにバター、グラニュー糖、塩を入れ、泡立て器でよく混ぜる。

2 薄力粉とベーキングパウダーを合わせてふるい入れ、ゴムベラでさっくりと混ぜる。粉気がまだ残るくらいでフルーツミックスを加え、さっくりと混ぜながら、生地を時々ゴムベラで押さえるようにしてまとめる。

3 以降、ポリ袋の4〜5と同様。ただし、4では棒状に成型した生地をポリ袋ではなくラップに包む。

POINT

グラニュー糖をまぶす時は

クロスやタオルの上にラップを乗せてグラニュー糖を広げます。

その上でクッキーを転がします。

抹茶のアイスボックスクッキー

わずかに感じられるお茶の甘みとほのかな苦みにホッとします。製菓用ではなく飲むための抹茶を使い、同じ抹茶で薄茶を点てて楽しむお茶時間、贅沢なひと時になりますね。

材料（約25枚分）

A薄力粉…95g
　抹茶パウダー…5g
　グラニュー糖…30g
　塩…少々
　ベーキングパウダー
　　…ふたつまみ

バター…55g
牛乳…5g
生地にまぶすグラニュー糖…適量

下準備

・バターを電子レンジか湯煎にかけて溶かす。
・天板にオーブンシートを敷く。
・オーブンを170℃に温める。

ポリ袋で作る

1 ポリ袋にAを入れ（抹茶は茶こしを通す）、袋の口をねじってしっかりと閉じ、よく振り混ぜる。

2 バターを1に加え、軽く振ってなじませる。ぽろぽろの状態になったら牛乳を加え、まとまるまで振り混ぜる（時々軽く生地を握りながら振るとよい）。

3 ハサミで袋を切り開き、生地を二つ折りにしてのすことを7〜8回繰り返して生地を均一にし、2等分する。ポリ袋も2等分する。それぞれ約15cm長さの棒状に成形してポリ袋で包み、両端をねじってキュッと引き締める（13cmほどになる）。冷蔵庫で20分以上休ませる。

4 3を取り出し、グラニュー糖をまぶしつけて9mm程度の厚さに切り分ける。形を整えて天板に並べ、170℃のオーブンで15分ほど焼く。

ボウルで作る

1 ボウルにバター、グラニュー糖、塩を入れ、泡立て器でよく混ぜる。

2 薄力粉、抹茶パウダー、ベーキングパウダーを合わせてふるい入れ、ゴムベラでさっくりと混ぜる。粉気がまだ残るくらいで牛乳を加え、さっくりと混ぜながら、生地を時々ゴムベラで押さえるようにしてまとめる。

3 以降、ポリ袋の場合と同様。ただし、3では棒状に成型した生地をポリ袋ではなくラップに包む。

紫芋×シナモンのアイスボックスクッキー

はんなりとした紫色が、テーブルを彩る小さなアクセントカラーにもなります。
ホクッとした紫芋の風味にエキゾチックなシナモンをほんの少し加え、変化をつけました。

材料（約25枚分）

A薄力粉…85g
　紫芋パウダー…15g
　グラニュー糖…30g
　ベーキングパウダー
　　　…ふたつまみ
　塩、シナモンパウダー…各少々

バター…55g
牛乳…5g
生地にまぶすグラニュー糖…適量

下準備

・バターを電子レンジか湯煎に
　かけて溶かす。
・天板にオーブンシートを敷く。
・オーブンを170℃に温める。

ポリ袋で作る

1 ポリ袋にAを入れ、袋の口をねじってしっかりと閉じ、よく振り混ぜる。

2 バターを1に加え、軽く振ってなじませる。ぽろぽろの状態になれば牛乳を加え、まとまるまで振り混ぜる（時々軽く生地を握りながら振るとよい）。

3 ハサミで袋を切り開き、生地を二つ折りにしてのすことを7〜8回繰り返して生地を均一にし、2等分する。ポリ袋も2等分する。それぞれ約15cm長さの棒状に成形してポリ袋で包み、両端をねじってキュッと引き締める（13cmほどになる）。冷蔵庫で20分以上休ませる。

4 3を取り出し、グラニュー糖をまぶしつけて9mm程度の厚さに切り分ける。形を整えて天板に並べ、170℃のオーブンで15分ほど焼く。

ボウルで作る

1 ボウルにバター、グラニュー糖、塩を入れ、泡立て器でよく混ぜる。

2 薄力粉、紫芋パウダー、ベーキングパウダー、シナモンパウダーを合わせてふるい入れ、ゴムベラでさっくりと混ぜる。粉気がまだ残るくらいで牛乳を加え、さっくりと混ぜながら、生地を時々ゴムベラで押さえるようにしてまとめる。

3 以降、ポリ袋の場合と同様。ただし、3では棒状に成型した生地をポリ袋ではなくラップに包む。

CHAPTER 2

ポリ袋ならびっくりするほどかんたん！
一度は作ってみたい人気のお菓子

マドレーヌ、キャロットケーキ、キャラメルケーキ、レモンケーキ、ブラウニー……。
焼き菓子の定番、だれもが知っている人気の高いお菓子のあれこれを、
ポリ袋でかんたんに作れるレシピにアレンジしました。
ささっと作って、家族で楽しむおやつ時間、おもてなしやプレゼントにも。
ポリ袋で作ったことは内緒にしちゃえば、ほめられること請け合いです。

マドレーヌ

お茶菓子の定番であり王道、シンプルなマドレーヌ。かわいくてエレガントな
貝の形は、見ているだけでうっとりと笑みがこぼれます。ポリ袋なら、生地を作る→
休ませる→型に絞り出す、という一連の手順がとても合理的。お試しくださいね。

材料（7×6.8cmのマドレーヌ型6個分）

A 薄力粉…45g
　アーモンドパウダー…10g
　ベーキングパウダー…小さじ1/2
　グラニュー糖…40g
　塩…ひとつまみ

B 卵…1個
　はちみつ…10g
　ヨーグルト…10g

バター…65g

下準備

・卵は室温に戻す。
・バターを電子レンジか湯煎にかけて溶かす。

ポリ袋で作る

1 ポリ袋にAを入れ、袋の口をねじって
　しっかりと閉じ、よく振り混ぜる。

2 溶かしたバターにBを加え、フォーク
　でよく混ぜて1に加える。袋の口をね
　じってしっかりと閉じ、振り混ぜてな
　じませた後、なめらかに揉み混ぜる。
　冷蔵庫に入れ、1時間〜半日ほど休ま
　せる（POINT参照）。

3 オーブンを180℃に温める。型に剥離
　油かバター（ともに分量外）を塗る。
　2を取り出して軽く揉み返し、袋の隅
　を切って型に入れる。

4 180℃のオーブンで13分ほど焼く。

PROCESS

POINT

生地を休ませる時は

ねじっている袋の口側と、　ひと結びしたところ。
袋の角の1カ所を出して
結ぶ。

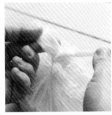 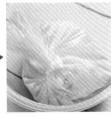

もうひと結びする。逆三　結んだところを上にして
角形の絞り袋の形のよう　ボウルなどに入れ、冷蔵
になる。　　　　　　　　庫へ。

ほうじ茶マドレーヌ

すっきりと香ばしいほうじ茶の香りをたっぷり甘く閉じ込めました。
おもてなしの場面では生地を前もって2のプロセスまで作っておいて、
ゲストの顔を見てからオーブンへ。余裕をもって焼き立てを食べてもらえます。

材料（6個分）

A 薄力粉…40g
　アーモンドパウダー…10g
　ベーキングパウダー…小さじ1/2
　グラニュー糖…40g
　塩…少々
　ほうじ茶の葉…5g
B 卵…1個　はちみつ…10g
　ヨーグルト…10g
バター…65g

下準備

・卵は室温に戻す。
・ほうじ茶の葉は細かく刻む。
・バターを電子レンジか湯煎にかけて溶かす。

ポリ袋で作る

1 ポリ袋にAを入れ、袋の口をねじってしっかりと閉じ、よく振り混ぜる。

2 溶かしたバターにBを加え、フォークでよく混ぜて1に加える。袋の口をねじってしっかりと閉じ、振り混ぜてなじませた後、なめらかに揉み混ぜる。冷蔵庫に入れ、1時間～半日ほど休ませる。

3 オーブンを180℃に温める。型に剥離油かバター（ともに分量外）を塗る。2を取り出して軽くもみ返し、袋の隅を切って型に入れる。

4 180℃のオーブンで13分ほど焼く。

紅茶とマーマレードのマドレーヌ

紅茶生地にオレンジマーマレードを混ぜ込み、しっとり焼きあげました。
マーマレードはそんなに主張しないながら、紅茶の葉だけを混ぜ込んだマドレーヌとは
一味も二味も違うおいしさです。

材料（6個分）

A 薄力粉…40g
    アーモンドパウダー…10g
    ベーキングパウダー…小さじ1/2
    グラニュー糖…35g
    塩…少々
    紅茶の葉…5g
B 卵…1個
    ヨーグルト…10g
バター…60g
オレンジマーマレード…20g

下準備

・卵は室温に戻す。
・紅茶の葉は細かく刻む。
・バターを電子レンジか湯煎にかけて溶かす。

ポリ袋で作る

1 ポリ袋にAを入れ、袋の口をねじってしっかりと閉じ、よく振り混ぜる。

2 溶かしたバターにBを加え、フォークでよく混ぜて1に加える。袋の口をねじってしっかりと閉じ、振り混ぜてなじませる。マーマレードを加え、袋の口をねじってしっかりと閉じ、なめらかに揉み混ぜる。冷蔵庫に入れ、1時間～半日ほど休ませる。

3 オーブンを180℃に温める。型に剥離油かバター（ともに分量外）を塗る。2を取り出して軽くもみ返し、袋の隅を切って型に入れる。

4 180℃のオーブンで13分ほど焼く。

キャロットケーキ

にんじんは薄くて細いせん切りにしてたっぷり加え、存在感を残します。
キャロットケーキに欠かせないフロスティングは、クリームチーズに
水切りしたヨーグルトを合わせて口当たりもカロリーもライトに。

材料（直径18cmのリング型1台分）

ケーキ生地

A 薄力粉…60g
  アーモンドパウダー…45g
  ブラウンシュガー…50g
  ココナッツファイン…25g
  ベーキングパウダー…小さじ1
  シナモンパウダー…小さじ1/4
  塩…少々

B オイル…60g　卵…1個
  はちみつ…10g　ラム酒…小さじ1

C にんじん…80g（正味）
  くるみ（ロースト）…25g　カレンズ…20g

フロスティング

ヨーグルト…100g（水切りして50gを使用）
クリームチーズ…50g　粉砂糖…15g
ピスタチオナッツ…適量

下準備

・小さなザルなどにキッチンペーパーを
　敷いてヨーグルトを入れ、
　冷蔵庫で3時間以上水切りする（POINT参照）。
・卵とクリームチーズは室温に戻す。
・にんじんは皮をむき、
　スライサーか包丁でせん切りにする。
・くるみは粗く砕く。カレンズは
　熱湯をかけてふやかし、水気を切る。
・型に剥離油かバターを塗る（ともに分量外）。
・オーブンを170℃に温める。

ポリ袋で作る

1 ケーキ生地を作る。ポリ袋にAを入れ、袋の口をねじってしっかりと閉じ、よく振り混ぜる。

2 Bを合わせ、フォークでよく混ぜて1に加える。袋の口をねじってしっかりと閉じ、振り混ぜてなじませたらCを加え、揉み混ぜてなめらかな状態にする。

3 袋の隅をハサミで切って型に入れ、菜箸でざっとならし、170℃のオーブンで25分ほど焼く。

4 フロスティングを作る（POINT参照）。小さめのボウルなどにクリームチーズを入れてやわらかく練り、粉砂糖、ヨーグルトを順に加えてその都度よく混ぜる。

5 仕上げる。冷めたケーキに4を塗り、刻んだピスタチオナッツを飾る。

POINT

フロスティングを作る

ヨーグルトの水切りは、右上のようにコーヒードリッパーとフィルターを利用しても便利。

スプーンや小さな泡立て器で、なめらかに混ぜる。

チョコレートケーキ

ココアパウダーでしっかりとしたカカオの風味を出し、
ミルキーな生クリームでまろやかにまとめました。
仕上げのチョコレートは線描きせず、ケーキを覆うようにたっぷりとかけても。

材料（直径18cmのリング型1台分）

A薄力粉…60g
　アーモンドパウダー…40g
　ココアパウダー…20g
　グラニュー糖…70g
　ベーキングパウダー…小さじ1
　塩…少々
B卵…1個
　生クリーム…100g
　ヨーグルト…40g

コーティング用チョコレート…20gほど

下準備

・卵は室温に戻す。
・型に剥離油かバターを塗る（ともに分量外）。
・オーブンを170℃に温める。

 ポリ袋で作る

1 ケーキ生地を作る。ポリ袋にAを入れ（ココア
パウダーは茶こしを通す）、袋の口をねじって
しっかりと閉じ、よく振り混ぜる。

2 Bを合わせ、フォークでよく混ぜて1に加える。
袋の口をねじってしっかりと閉じ、振り混ぜて
なじませた後、揉み混ぜてなめらかな状態にす
る。

3 袋の隅をハサミで切って型に入れ、菜箸でざっ
とならし、170℃のオーブンで25分ほど焼く。

4 コーティング用チョコレートで、冷めたケーキ
の上に線描きして仕上げる（POINT参照）。

POINT

デコレーションする

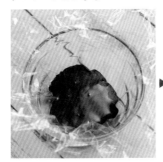

チョコレートを電子レンジか湯せ
んにかけて溶かす。別の器にラッ
プを敷いて溶かしたチョコレート
を入れる。

ラップの口をしっかりねじってチ
ョコレートを包み、反対側をつま
ようじでさして小さな穴をあける。

冷めたケーキの上に線画きする。
絞る際、力を入れすぎると穴が破
裂するので注意して。

47

ブランデーケーキ

焼き立ての熱いケーキにブランデーをジュワッとしみ込ませた大人のお菓子。
リング型で焼いて、真ん中に瑞々しいフレッシュなベリーをふんだんに詰め、
思い切りラブリーに仕立てました。

材料（直径18cmのリング型1台分）

A 薄力粉…80g
　アーモンドパウダー…40g
　グラニュー糖…80g
　ベーキングパウダー…小さじ1
　塩…少々
B オイル…80g
　はちみつ…20g
　ヨーグルト…35g
　卵…2個
　ブランデー…10g

仕上げ用のブランデー、粉砂糖…適量
ベリー類…適宜

下準備

・卵は室温に戻す。
・型に剥離油かバター（ともに分量外）を塗る。
・オーブンを170℃に温める。

ポリ袋で作る

1 ポリ袋にAを入れ、袋の口をねじってしっかりと閉じ、よく振り混ぜる。

2 Bを合わせ、フォークでよく混ぜて1に加える。袋の口をねじってしっかりと閉じ、振り混ぜてなじませた後、揉み混ぜてなめらかな状態にする。

3 袋の隅をハサミで切って型に入れ、菜箸でざっとならし、170℃のオーブンで30分ほど焼く。

4 焼きあがったらすぐに型から出して（火傷に注意）ケーキクーラーか皿に取り、ブランデーを刷毛で好みの量しみ込ませる（POINT参照）。好みでベリー類を盛りつけ、粉砂糖をふって仕上げる。

POINT

ブランデーをしみ込ませる

ケーキが熱いうちに、ブランデーを刷毛でしみ込ませる。

アップルケーキ

毎日でも焼きたくなる、とてもシンプルで作りやすい素朴なりんごのケーキです。
りんごは皮つきで焼き込みましたが、気になる方は皮をむいて使ってくださいね。

材料（直径15cmの丸型1台分）

A 薄力粉…110g
　きび砂糖…35g
　ブラウンシュガー…35g
　ベーキングパウダー…小さじ1
　塩…少々
B 卵…1個
　オイル…70g
　ヨーグルト…70g
りんご…1個

下準備

・卵は室温に戻す。
・りんごは芯と種を除き、
　皮ごと薄めのくし切りにする。
・型にオーブンシートをクシャッと敷き込む。
・オーブンを170℃に温める。

ポリ袋で作る

1　ポリ袋にAを入れ、袋の口をねじってしっかりと閉じ、よく振り混ぜる。

2　Bを合わせ、フォークでよく混ぜて1に加える。袋の口をねじってしっかりと閉じ、振り混ぜてなじませた後、揉み混ぜてなめらかな状態にする。

3　袋の隅をハサミで切って型に入れ、菜箸でざっとならす。りんごを差し込み、170℃のオーブンで45分ほど焼く。

ブラウニー

オイルとヨーグルトを使った軽やかなブラウニー。チョコレートは溶かさずに
刻んで加えました。普段の日のおやつにホーローバットで気軽に焼いて。

材料（21×16.5×深さ3cmのバット1台分）
A 薄力粉…65g
　ココアパウダー…15g
　きび砂糖…50g
　ベーキングパウダー…小さじ1/2
　塩…少々　くるみ（ロースト）…50g
　板チョコレート…50g
B オイル…65g　卵…1個
　はちみつ…20g　ヨーグルト…40g

下準備

・卵は室温に戻す。　・くるみは粗く砕く。
・バットにオーブンシートを敷く。
・板チョコレートは粗く刻んで、冷蔵庫に入れておく。
・オーブンを170℃に温める。

ポリ袋で作る

1 ポリ袋にAを入れ（ココアパウダーは茶
　こしを通す）、袋の口をねじってしっか
　りと閉じ、よく振り混ぜる。

2 Bを合わせ、フォークでよく混ぜて1に
　加える。袋の口をねじってしっかりと閉
　じ、振り混ぜてなじませた後、揉み混ぜ
　てなめらかな状態にする。

3 袋の隅をハサミで切ってバットに入れ、
　菜箸でざっとならし、170℃のオーブン
　で22分ほど焼く。

レモンケーキ

レモンケーキはマフィン型やパウンド型などでも焼くのですが、
レモンの形そのままにぷっくりと焼きあがった愛らしい姿を見ると、
レモンケーキはやっぱりこの形でないとね！　と思ってしまいます。

材料（7.9×5.3×深さ2.9cmのレモン型8個分）

ケーキ生地

A薄力粉…90g
　アーモンドパウダー…30g
　グラニュー糖…70g
　ベーキングパウダー…小さじ1
　塩…少々
B卵…1個
　生クリーム…95g
　ヨーグルト…30g
　レモン果汁…10g
　レモンの皮のすりおろし…1/2個分

レモンアイシング

　粉砂糖…60g
　レモン果汁…10g

下準備

・卵を室温に戻す。
・型に剥離油かバターを塗る（ともに分量外）。
・オーブンを170℃に温める。

 **ポリ袋で作る**

1　ポリ袋にAを入れ、袋の口をねじってしっかりと閉じ、よく振り混ぜる。

2　Bを合わせ、フォークでよく混ぜて1に加える。袋の口をねじってしっかりと閉じ、振り混ぜてなじませた後、揉み混ぜてなめらかな状態にする。

3　袋の隅をハサミで切って型に入れ、170℃のオーブンで19分ほど焼く。

4　レモンアイシングを作り、冷めたケーキにかけて仕上げる（POINT 参照）。

※ケーキの座りが悪い場合は、上部のふくらみ（レモンアイシングをかける側の反対）を少し切り落とすとよい。

POINT

レモンアイシングを作る

レモンをしぼって茶こしでこす。

粉砂糖にレモン果汁を加え、スプーンなどでとろりとなめらかに混ぜ合わせる。

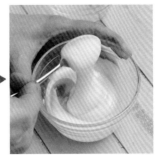

ゆるすぎたら粉砂糖を、かたいようならレモン汁をごく少量ずつ加えて調整する。

キャラメルケーキ

キャラメルケーキの味の決め手は、加えるキャラメルクリームの焦がし加減。
砂糖を焦げ茶色になるまでしっかりと焦がすことで、
苦みの効いた深い味わいの生地になります。

材料（18×8×8cmのパウンド型1台分）

ケーキ生地
A 薄力粉…90g
　アーモンドパウダー…30g
　グラニュー糖…55g
　ベーキングパウダー…小さじ1
　シナモンパウダー…少々
　塩…ひとつまみ
B オイル…65g
　卵…1個
　ヨーグルト…35g
　牛乳…40g

キャラメルクリーム
　グラニュー糖…50g
　水…5g
　生クリーム…50g

下準備

・卵は室温に戻す。
・バターを電子レンジか湯煎にかけて溶かす。
・型にオーブンシートを敷く。

 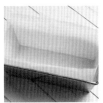

底面のサイズに合わせてオーブンシートを折り、筋にそって4カ所切り込みを入れる。

型にセットする。

・オーブンを170℃に温める。

ポリ袋で作る

1 キャラメルクリームを作る。小鍋にグラニュー糖と水を入れて中火にかける。褐色に色づいて来たら、時々鍋を揺すって均一な焦げ茶色に焦がし、火を止める。軽く沸騰するくらいまで温めた生クリームを少しずつ注いでよく混ぜる。

2 ケーキ生地を作る。ポリ袋にAを入れ、袋の口をねじってしっかりと閉じ、よく振り混ぜる。

3 Bを合わせ、フォークでよく混ぜて2に加える。袋の口をねじってしっかりと閉じ、振り混ぜてなじませた後、1を加え、揉み混ぜてなめらかな状態にする（キャラメルクリームは混ぜ残りのつぶがあっても、気にしなくてよい）。

4 袋の隅をハサミで切って型に入れ、菜箸でざっとならし、170℃のオーブンで35分ほど焼く。

POINT
キャラメルクリームを作る

 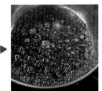 

小鍋にグラニュー糖と水を入れて中火にかける。

だんだんと茶色に色づいてきたら、時々鍋を揺すって均一に焦がす。

濃い焦げ茶色になったら火を止める。

温めた生クリームを少しずつ注ぎながらよく混ぜる（わきあがるので注意）。

できあがり。

CHAPTER 3

「もっとおいしく、もっとかんたんに」を求めたら行き着いたあたらしい味のお菓子

お菓子を作り続ける日々の中で
ふと思いつくアイデアや小さな工夫、好奇心。
それらをひとつずつ試して
形にしていく作業って、とても楽しく面白い。
失敗することもあるけれど、
これはダメだったというパターンの発見
とも言えるのではないかしら。
そんなトライアルアンドエラーの結果、
これはおすすめしたいと思ったレシピを
いくつかお届けします。

　「もっとおいしく、もっとかんたんに」を求めたら行き着いた あたらしい味のお菓子

ココナッツのビスコッティクッキー

なまこ形に大きく焼いたものをスライスし、2度焼きして作る工程が特徴の
ビスコッティ。大好きなビスコッティを焼き続ける中で、
それらの手間を省いて同じような食感と味わいのお菓子が
もっとかんたんに作れないかしら？ という思いからできあがったレシピです。

材料（8個分）

A 薄力粉…90g
　ココナッツファイン…30g
　きび砂糖…45g
　ベーキングパウダー…小さじ1/2
　塩…ひとつまみ
B オイル…30g
　牛乳…30g

下準備

・天板にオーブンシートを敷く。
・オーブンを170℃に温める。

ポリ袋で作る

1 ポリ袋にAを入れ、袋の口をねじってしっかりと閉じ、よく振り混ぜる。

2 Bを合わせ、フォークでよく混ぜて1に加える。袋の口をねじってしっかりと閉じ、ほぼまとまるまで振り混ぜる。

3 ハサミで袋を切り開き、生地を二つ折りにしてのすことを4～5回繰り返して状態を均一にする。

4 8等分して直径7.5cm程度の平らな円形に形作る。

5 天板に並べ、170℃のオーブンで15分ほど→120℃に下げて8～10分焼く。

PROCESS

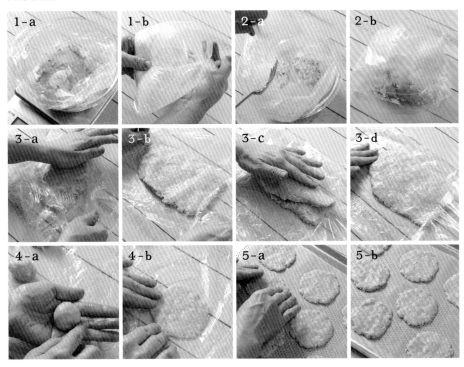

アーモンドとチョコチップのビスコッティクッキー

ガリガリ、カリカリ、軽快な歯触りにコーヒーが進むビスコッティクッキーは、
アイスクリームにもよく合うんです。アイスクリーム、泡立てた生クリーム、
ざっくり割ったクッキーをグラスに重ねたミニサンデー仕立てをぜひ！

材料（8個分）

A 薄力粉…90g
| グラニュー糖…40g
| ベーキングパウダー…小さじ1/2
| 塩…ひとつまみ
| ホールアーモンド…40g
| チョコチップ…25g
B オイル…30g
| 牛乳…30g

下準備

・アーモンドはポリ袋に入れ、
　めん棒で叩いて粗く砕く。
・天板にオーブンシートを敷く。
・オーブンを170℃に温める。

ポリ袋で作る

1 アーモンドを砕いたものとは別のポリ袋にAを入れ、袋
　の口をねじってしっかりと閉じ、よく振り混ぜる。

2 Bを合わせ、フォークでよく混ぜて1に加える。袋の口
　をねじってしっかりと閉じ、ほぼまとまるまで振り混ぜ
　る。

3 ハサミで袋を切り開き、生地を二つ折りにしてのすこと
　を4〜5回繰り返して状態を均一にし、8等分して直径
　7.5cm程度の平らな円形に形作る。

4 天板に並べ、170℃のオーブンで15分ほど→120℃に下
　げて8〜10分焼く。

「もっとおいしく、もっとかんたんに」を求めたら行き着いた あたらしい味のお菓子

カシューナッツとグラハム粉のビスコッティクッキー

美容と健康に効能のあることが知られるカシューナッツに、
つぶつぶザラザラ食感で栄養たっぷりなグラハム粉を合わせました。
時間のない朝やちょっと小腹が空いた時にもこれ1枚で満足の大きめサイズです。

材料（8個分）

A 薄力粉…90g
グラハム粉…10g
きび砂糖…45g
ベーキングパウダー…小さじ1/2
塩…ひとつまみ
カシューナッツ…50g
B オイル…30g
牛乳…30g

下準備

・カシューナッツはポリ袋に入れ、
　めん棒で叩いて粗く砕く。
・天板にオーブンシートを敷く。
・オーブンを170℃に温める。

 ポリ袋で作る

1 ナッツを砕いたものとは別のポリ袋にA
　を入れ、袋の口をねじってしっかりと閉
　じ、よく振り混ぜる。

2 Bを合わせ、フォークでよく混ぜて1に
　加える。袋の口をねじってしっかりと閉
　じ、ほぼまとまるまで振り混ぜる。

3 ハサミで袋を切り開き、生地を二つ折り
　にしてのすことを4〜5回繰り返して状
　態を均一にし、8等分して直径7.5cm程
　度の平らな円形に形作る。

4 天板に並べ、170℃のオーブンで15分ほ
　ど→120℃に下げて8〜10分焼く。

フィナレーヌ

フィナンシェとマドレーヌを合わせたようなお菓子なので、
フィナレーヌと呼んでいます。ボウルと泡立て器で作っていたレシピを
少し簡素化し、ポリ袋製法にアレンジしてご紹介。

材料（直径7cmのマフィン型6個分）

A 薄力粉…40g
|アーモンドパウダー…45g
|ベーキングパウダー…小さじ1/4
|グラニュー糖…60g
|塩…少々
B はちみつ…10g
|卵…1個
|卵白…1個

バター…75g
ブルーポピーシード…適量

ポリ袋で作る

1 ポリ袋にAを入れ、袋の口をねじってしっかりと閉じ、よく振り混ぜる。

2 溶かしたバターにBを加え、フォークでよく混ぜて1に加える。袋の口をねじってしっかりと閉じ、振り混ぜてなじませた後、なめらかに揉み混ぜる。

3 袋の隅をハサミで切って型に入れ、ブルーポピーシードをふり、180℃のオーブンで15分ほど焼く。

下準備

・卵と卵白は室温に戻す。
・バターを電子レンジか湯煎にかけて溶かす。
・マフィン型にオーブンペーパーを敷く。

1

10〜11cm四方のオーブンペーパーを6枚用意し、4本の切り込みを入れる。

2

マフィン型に押し込んでセットする。

・オーブンを180℃に温める。

PROCESS

1-a 1-b 2-a
2-b 3-a 3-b

さつまいものフィナレーヌ

バターでさっと炒めたさつまいもをどっさり焼き込んだフィナレーヌは、
ほうじ茶と一緒にいただくのが気に入っています。
表面にふる炒り胡麻は、ここでは白と黒をミックスして使いましたが、
どちらかお好みのほうで大丈夫です。

材料（直径7cmのマフィン型6個分）

A 薄力粉…40g
　アーモンドパウダー…45g
　ベーキングパウダー…小さじ1/4
　グラニュー糖…60g
　塩…少々
B はちみつ…10g
　卵…1個
　卵白…1個

バター（生地用）…75g
さつまいも…100〜120g
バター（トッピング用）…5g
塩…少々
炒り胡麻…適量

下準備

・卵と卵白は室温に戻す。
・さつまいもは皮ごと小さな角切りにして
　水にさらす。
・生地用バターを電子レンジか湯煎にかけて溶かす。
・マフィン型にオーブンペーパーを敷く（P.63参照）。
・オーブンを180℃に温める。

ポリ袋で作る

1 さつまいものトッピングを作る。フライパンにバター（5g）を溶かし、水気をしっかりと切ったさつまいもを入れて中火で炒める。全体にバターがなじんだら火を止め、塩を加えてさっと混ぜる。

2 ケーキ生地を作る。ポリ袋にAを入れ、袋の口をねじってしっかりと閉じ、よく振り混ぜる。

3 溶かしたバターにBを加え、フォークでよく混ぜて2に加える。袋の口をねじってしっかりと閉じ、振り混ぜてなじませた後、なめらかに揉み混ぜる。

4 袋の隅をハサミで切って型に入れ、1を乗せて炒り胡麻をふり、180℃のオーブンで15分ほど焼く。

PROCESS

1-a

1-b

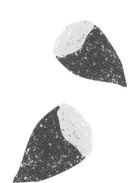

煎茶×チーズクリームの生クリームマフィン

生クリームで生地をまとめるマフィンは、
バターやオイルを使ったものよりも丸みのあるクリーミーでやさしい生地感。
煎茶の葉はティーバッグの細かなものなら刻まずにそのまま使ってOKです。

材料 (直径7cmのマフィン型6個分)

マフィン生地

A薄力粉…105g
　煎茶の葉…5g
　ベーキングパウダー…小さじ1
　グラニュー糖…60g
　塩…少々
B卵…1個
　生クリーム…110g
　ヨーグルト…35g

チーズクリーム

　クリームチーズ…80g
　粉砂糖…20g

下準備

・卵は室温に戻す。
・煎茶の葉は細かく刻む。
・クリームチーズは電子レンジにかけてやわらかくし、
　粉砂糖を加えてよく混ぜ、冷蔵庫に入れておく。
・型にグラシンカップを入れる。
・オーブンを170℃に温める。

ポリ袋で作る

1 ポリ袋にAを入れ、袋の口をねじってしっかりと閉じ、よく振り混ぜる。

2 Bを合わせ、フォークでよく混ぜて1に加える。袋の口をねじってしっかりと閉じ、振り混ぜてなじませた後、揉み混ぜてなめらかな状態にする。

3 袋の隅をハサミで切り、生地の約半量→チーズクリーム→残りの生地の順で型に入れる。

4 170℃のオーブンで23分ほど焼く。

PROCESS

抹茶×チョコレートクリームの生クリームマフィン

ちょっと大人っぽい抹茶ミルク味のような生地に、
チョコレートクリームを入れて焼きました。
温かいうちなら中のチョコレートがとろり。また冷えると固まって、
どちらも甲乙つけがたいおいしさ。
甘さ控えめのチョコレートを使うのが好みです。

材料（マフィン型6個分）

マフィン生地
A 薄力粉…105g
　抹茶パウダー…5g
　ベーキングパウダー…小さじ1
　グラニュー糖…60g
　塩…少々
B 卵…1個
　生クリーム…110g
　ヨーグルト…35g

チョコレートクリーム
　製菓用チョコレート…80g
　※タブレットタイプのチョコレートなら
　刻まずそのまま使えて便利です。
　生クリーム…40g

下準備

・卵は室温に戻す。
・チョコレートクリームを作り、
　冷蔵庫に入れておく（写真参照）。

 **ポリ袋で作る**

1 ポリ袋にAを入れ（抹茶は茶こしを通す）、袋の口をねじってしっかりと閉じ、よく振り混ぜる。

2 Bを合わせ、フォークでよく混ぜて1に加える。袋の口をねじってしっかりと閉じ、振り混ぜてなじませた後、揉み混ぜてなめらかな状態にする。

3 袋の隅をハサミで切り、生地の約半量→チョコレートクリーム→残りの生地の順で型に入れる。

4 170℃のオーブンで23分ほど焼く。

製菓用チョコレートは細かく刻み生クリームと合わせる。

電子レンジか湯煎にかけてなめらかに溶かす。

なめらかになったところ。ラップをかけて冷蔵庫に入れておく。

冷えてかたまったものをスプーンですくい取って使う。

・型にグラシンカップを入れる。
・オーブンを170℃に温める。

アップサイドダウンバナナケーキ

キャラメルソースを流したところにバナナを並べ、ケーキ生地を入れて焼いたら、
ひっくり返して型から出します。ほろ苦なキャラメルが、
とろりと火の通ったバナナと甘い生地にしみて、幸せなおいしさ。

材料（直径15cmの丸型1台分）

ケーキ生地

A 薄力粉…110g
　　きび砂糖…60g
　　ベーキングパウダー…小さじ1
　　シナモンパウダー…少々
　　塩…少々
B オイル…65g
　　卵…1個
　　ヨーグルト…20g

生地に混ぜ込むバナナ…1本(100g)
底に敷くバナナ…2本
※ここのバナナはg数を問いません。

キャラメルソース

　　グラニュー糖…50g
　　水…10g

下準備

・卵は室温に戻す。
・底に敷くバナナは縦に2等分する。
・型にオーブンシートを敷く。

1 約30cm角に切ったオーブンシートを型に入れ込む。

2 底とサイドにしっかりそわせて安定させる。

・オーブンを170℃に温める。

ポリ袋で作る

1 キャラメルソースを作る。小鍋にグラニュー糖と水を入れて中火にかける。褐色に色づいて来たら、時々鍋を揺すって均一な焦げ茶色に焦がし、そのまますぐに型に流し入れる。型を回してキャラメルを全体に行き渡らせ（ムラがあっても構わない）、2等分したバナナを切り口を下にして並べる（POINT参照）。

2 ケーキ生地を作る。ポリ袋にAを入れ、袋の口をねじってしっかりと閉じ、よく振り混ぜる。

3 Bを合わせ、フォークでよく混ぜて2に加える。袋の口をねじってしっかりと閉じ、振り混ぜてなじませたら、生地用のバナナをちぎって加える。袋の口をねじってしっかりと閉じ、バナナをつぶしながら揉み混ぜてなめらかな状態にする。

4 袋の隅をハサミで切って型に入れ、菜箸でざっとならし、170℃のオーブンで35〜40分ほど焼く。

5 冷めたら型に皿を乗せ、ひっくり返して型から出し、オーブンシートをそっとはがす。

POINT

生地を作る前に、まずキャラメルソースを作ってバナナを並べておく

小鍋にグラニュー糖と水を入れ均一な焦げ茶色に焦がす。

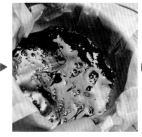
型の底に流し入れる。

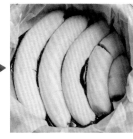
2等分したバナナを切り口を下にして並べる。

アールグレイとクランベリーのバナナケーキ

バナナケーキはシンプルに焼いてシンプルに食べるのがこれまでわりと好きだったのですが、
さまざまな素材を組み合わせてみるのが近頃面白く、あれやこれやと試しています。

材料（直径15cmの丸型1台分）

ケーキ生地

A 薄力粉…110g　グラニュー糖…60g
　ベーキングパウダー…小さじ1
　塩…少々　紅茶の葉…2g

B オイル…65g　卵…1個　ヨーグルト…20g

バナナ…1本(100g)

クランベリー（ドライ）…50g

仕上げ用

　生クリーム…80g　はちみつ…5g
　クランベリー（ドライ）、レモンの皮の細切り
　…各適量

下準備

・卵は室温に戻す。

・紅茶の葉は細かく刻む。

・生地用のクランベリーは熱湯をかけて
　ふやかした後、水気を切る。

・型にオーブンシートをクシャッと敷く。

・オーブンを170℃に温める。

🥄 ポリ袋で作る

1 ケーキ生地を作る。ポリ袋にAを入れ、袋の口を
　ねじってしっかりと閉じ、よく振り混ぜる。

2 Bを合わせ、フォークでよく混ぜて1に加える。
　袋の口をねじってしっかりと閉じ、振り混ぜてな
　じませたら、バナナをちぎって加える。クランベ
　リーも加え、袋の口をねじってしっかりと閉じ、
　バナナをつぶしながら揉み混ぜてなめらかな状態
　にする。

3 袋の隅をハサミで切って型に入れ、菜箸でざっと
　ならし、170℃のオーブンで30分ほど焼く。

4 仕上げる。生クリームにはちみつを加えて八分立
　て程度に泡立てる。冷めたケーキの上に塗り、ク
　ランベリーとレモンの皮を散らす。

コーヒーとヘーゼルナッツのバナナケーキ

わたしの大好きなカフェに、バナナスムージーにコーヒーゼリーを合わせたメニューがあります。
バナナとコーヒーがこんなに合うなんて！ と感激して以来、
バナナとコーヒーを合わせたお菓子をよく作るようになりました。

材料（21×16.5×深さ3cmのバット1台分）

A 薄力粉…110g　グラニュー糖…60g
　│ベーキングパウダー…小さじ1
　│塩…少々　ヘーゼルナッツ（ロースト）…50g
B オイル…65g　卵…1個　ヨーグルト…25g

バナナ…1本(100g)
インスタントコーヒー（顆粒）…大さじ1

仕上げ用
　生クリーム、バナナ、ヘーゼルナッツ（ロース
　ト）…各適量

下準備
・卵は室温に戻す。
・ヘーゼルナッツはポリ袋に入れ、
　めん棒で叩いて粗く砕く。
・バットにオーブンシートを敷く。
・オーブンを170℃に温める。

 ポリ袋で作る

1 ヘーゼルナッツを砕いたものとは別のポリ袋に
　A を入れ、袋の口をねじってしっかりと閉じ、
　よく振り混ぜる。

2 B を合わせ、フォークでよく混ぜて1に加える。
　袋の口をねじってしっかりと閉じ、振り混ぜて
　なじませたら、バナナをちぎって加える。イン
　スタントコーヒーも顆粒のまま加える。袋の口
　をねじってしっかりと閉じ、バナナをつぶしな
　がら揉み混ぜてなめらかな状態にする。

3 袋の隅をハサミで切ってバットに入れ、菜箸で
　ざっとならし、170℃のオーブンで25〜30分
　ほど焼く。

4 ケーキが冷めたら切り分けて皿に盛り、八分立
　て程度に泡立てた生クリーム、輪切りにしたバ
　ナナ、砕いたヘーゼルナッツを飾る。

CHAPTER 4

ポリ袋＋ボウルで
ぐっと身近になった
あこがれのお菓子

作ってみたいとは思うけれど、
手間も時間もかかりそうで難しそう……。
そんなイメージのある、タルトやパイにフロランタン、
土台から自分で作るチーズケーキ。何層かで構成されている
お菓子のパーツをひとりで作って完成させること。
それがお菓子作りの醍醐味でもあるし、得られる達成感は
喜びと自信につながるのだけれど、お菓子作りに慣れているはずのわたしだって、
面倒だなあと思うことが実は、多いのです。
そこで、ポリ袋の出番！ 1層だけでもポリ袋でパパッと作れば、
これまで大変と思っていたお菓子のハードルが、驚くほど大きく下がります。

巨峰のタルト

時間と手間がかかるイメージのあるタルトもポリ袋製法なら
びっくりするくらいかんたん。タルト生地にもアーモンドクリームにも
バターを使わない、さらに作りやすいレシピです。
ポリ袋で作ったとは思えないような本格的なタルトを気楽に作りましょう。

材料（直径18cmのタルト型1台分）

タルト生地

A 薄力粉…80g
  アーモンドパウダー…25g
  グラニュー糖…30g
  塩…ひとつまみ

B オイル…40g　牛乳…5g

アーモンドクリーム

C アーモンドパウダー…60g
  薄力粉…5g　グラニュー糖…45g

D 卵…1個　オイル…40g

巨峰（種なし）…1/2房程度
ピスタチオナッツ、粉砂糖…各適量

アイシング

  粉砂糖…5g
  レモン果汁…適量

下準備

・卵は室温に戻す。
・巨峰は横半分に切る。
・型に剥離油かバターを塗る（ともに分量外）。
・オーブンを180℃に温める。

ポリ袋とボウルで作る

1 タルト台を作る。ポリ袋にAを入れ、袋の口を
　ねじってしっかりと閉じ、よく振り混ぜる。

2 Bをフォークでよく混ぜて1に加え、袋の口を
　ねじってしっかりと閉じ、ひとまとまりになる
　まで振り混ぜる（時々生地を握りながら振り混
　ぜるとよい）。

3 ポリ袋に入れたまま手で押して直径16cmくらい
　にのばし、型に入れる。底から側面に手で押し
　てきっちりと敷き詰め、底面にフォークで空気
　穴をあけて、180℃のオーブンで14分ほど焼く。

4 アーモンドクリームを作る。ボウルにCを入れ
　て泡立て器でよく混ぜ、Dを加えてなめらかに
　混ぜる。＊ポリ袋を使っても可（下記参照）。

5 ゴムベラで3に入れて表面をならし、切り口を
　上にして巨峰を乗せる。180℃のオーブンで25
　分ほど焼く。

6 タルトが冷めたら、粉砂糖にレモン果汁をごく
　少量ずつ加えてよく混ぜ、とろりとしたアイシ
　ングを作る。リング状にまわしかけて刻んだピ
　スタチオナッツを飾り、粉砂糖をふる。

PROCESS

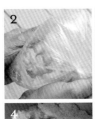

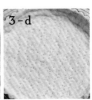

アーモンドクリームを
ポリ袋で作る場合

ポリ袋にCを入れてよく振り
混ぜ、Dをよく混ぜ合わせて
加える。振り混ぜてなじませ
た後、なめらかに揉み混ぜる。

ブルーベリーとチェリーのタルト

先にアーモンドクリームを流し込んだ台を焼き、
フレッシュなフルーツを飾って仕上げるタイプのタルトです。
お好みの季節の果物をふんだんに乗せて仕上げましょう。

材料（直径18cmのタルト型1台分）

タルト生地

A薄力粉…80g
   アーモンドパウダー…25g
   グラニュー糖…30g
   塩…ひとつまみ

Bオイル…40g　牛乳…5g

アーモンドクリーム

Cアーモンドパウダー…60g
   薄力粉…5g
   グラニュー糖…45g

D卵…1個　オイル…40g

好みのジャム…80g程度
ブルーベリー…1パック
アメリカンチェリー、さくらんぼ、
ミントの葉、粉砂糖…各適量

下準備

・卵は室温に戻す。
・タルト型に剥離油かバターを塗る（ともに分量外）。
・オーブンを180℃に温める。

ポリ袋とボウルで作る

1 タルト台を作る。ポリ袋にAを入れ、袋の口をねじってしっかりと閉じ、よく振り混ぜる。

2 Bをフォークでよく混ぜて1に加え、袋の口をねじってしっかりと閉じ、ひとまとまりになるまで振り混ぜる（時々生地を握りながら振り混ぜるとよい）。

3 ポリ袋に入れたまま手で押して直径16cmくらいの型に入れる。手で押してきっちりと敷き詰め、フォークで空気穴をあけて、180℃のオーブンで14分ほど焼く。

4 アーモンドクリームを作る。ボウルにCを入れて泡立て器でよく混ぜ、Dを加えてなめらかに混ぜる。＊ポリ袋を使っても可（下記参照）。

5 ゴムベラで3に入れて表面をならし、180℃のオーブンで20分ほど焼く。

6 タルトが冷めたら、表面にジャムを塗り、ブルーベリー、アメリカンチェリー、さくらんぼを好みの量を乗せる。粉砂糖をふり、ミントの葉を飾る。

> **アーモンドクリームをポリ袋で作る場合**
> ポリ袋にCを入れてよく振り混ぜ、Dをよく混ぜ合わせて加える。振り混ぜてなじませた後、なめらかに揉み混ぜる。

アマンディーヌタルト

フランスの伝統菓子アマンディーヌも、ポリ袋とホーローバットを使って作ることで、
とても身近で日常的なお菓子になりました。ラム風味のカレンズがおいしさを引き立てます。

材料（21×16.5×深さ3cmのバット1台分）

タルト生地

A 薄力粉…60g
アーモンドパウダー…20g
グラニュー糖…20g　塩…ひとつまみ

オイル…25g

アーモンドクリーム

B アーモンドパウダー…60g
薄力粉…5g　グラニュー糖…45g

C 卵…1個　オイル…40g

カレンズ…20g
ラム酒…15g
スライスアーモンド…20g
グラニュー糖…適量

下準備

・卵は室温に戻す。
・バットにオーブンシートを敷く。
・カレンズとラム酒を合わせ、電子レンジに
　30秒ほどかけてやわらかくする。
・オーブンを180℃に温める。

ポリ袋とボウルで作る

1　タルト台を作る。ポリ袋にAを入れ、袋の口をねじって
　しっかりと閉じ、よく振り混ぜる。

2　オイルを加え、袋の口をねじってしっかりと閉じ、ざっ
　とひとまとまりになるまで振り混ぜる（時々生地を握り
　ながら振り混ぜるとよい）。

3　バットに入れ、手で押して平らに敷き詰める。フォーク
　で空気穴をあけ、180℃のオーブンで13分ほど焼く。

4　アーモンドクリームを作る。ボウルにBを入れて泡立て
　器でよく混ぜ、Cを加えてなめらかに混ぜる。カレンズ
　（ラム酒ごと）を加え、ゴムベラで全体に混ぜる。
　＊ポリ袋を使っても可（下記参照）。

5　3に入れて表面をならし、スライスアーモンドとグラ
　ニュー糖をふって、180℃のオーブンで18分ほど焼く。

> **アーモンドクリームをポリ袋で作る場合**
>
> ポリ袋にBを入れてよく振り混ぜ、Cをよく混ぜ合
> わせて加える。振り混ぜてなじませた後、カレンズ
> （ラム酒ごと）も加え、なめらかに揉み混ぜる。

パイナップルケーキ風クランブルタルト

台湾の銘菓をクランブルタルトにアレンジ。
パイナップルあんを炊く時のりんごを思わせる香りがとても好きです。
台もクランブルも共焼きで作れるので、気軽に挑戦してみてくださいね。

材料 (21×16.5×深さ3cmのバット1台分)

クランブル生地
A 薄力粉…100g
│ アーモンドパウダー…30g
│ きび砂糖…35g
│ 塩…ひとつまみ
オイル…40g

アーモンドクリーム
B アーモンドパウダー…60g
│ 薄力粉…5g　きび砂糖…40g
C 卵…1個　オイル…40g

パイナップルあん
　パイナップル(正味)…180g
　きび砂糖…40g

下準備

・卵は室温に戻す。
・バットにオーブンシートを敷く。

ポリ袋とボウルで作る

1 パイナップルあんを作る。パイナップルは芯と皮を除いて3〜4cm角くらいに切り、ハンディーブレンダーやフードプロセッサーでピュレ状にして鍋に入れる。きび砂糖を加えて中火にかけ、時々混ぜながらぽってりとしたジャム状になるまで煮詰める。オーブンを180℃に温める。

2 アーモンドクリームを作る。ボウルにBを入れて泡立て器でよく混ぜ、Cを加えてなめらかに混ぜる。＊ポリ袋を使っても可(下記参照)。

3 クランブルを作る。ポリ袋にAを入れ、袋の口をねじってしっかりと閉じ、よく振り混ぜる。オイルを加え、袋の口をねじってしっかりと閉じ、よく振り混ぜてぽろぽろのそぼろ状にする(かたまりすぎたら手でほぐして使う)。

4 3の半量をバットに入れ、手で押して平らに敷き詰め、フォークで空気穴をあける。2を軽く混ぜ返して入れ、1をところどころに落として菜箸で軽くなじませ、残りのクランブルを散らす。

5 180℃のオーブンで28分ほど焼く。

PROCESS

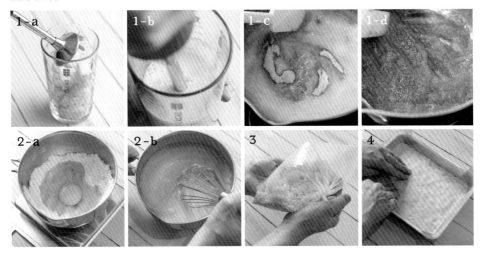

1-a 1-b 1-c 1-d
2-a 2-b 3 4

アーモンドクリームをポリ袋で作る場合
ポリ袋にBを入れてよく振り混ぜ、Cをよく混ぜ合わせて加える。振り混ぜてなじませた後、なめらかに揉み混ぜる。

りんごの薄焼きパイ

フリーハンドで大きな円形に成形したパイ生地にアーモンドクリームを塗り、
薄くスライスした皮付きのりんごをきれいに並べます。
最後にふって焼く粉砂糖は、グラニュー糖にしてもOKです。

材料（直径約22cmのもの1台分）

パイ生地
A 薄力粉…70g
　強力粉…30g
　きび砂糖…15g
　ベーキングパウダー…小さじ1/4
　塩…ふたつまみ
オイル…35g　牛乳…15g

アーモンドクリーム
B アーモンドパウダー…25g
　薄力粉…5g
　きび砂糖…25g

C 卵…1/2個（30g）　オイル…20g

りんご…1個
粉砂糖…適量

下準備
・卵は室温に戻す。
・りんごは縦4つ割りにして芯と種を除き、
　皮ごと厚さ3mm程度の薄切りにする。
・オーブンを200℃に温める。

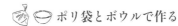 ポリ袋とボウルで作る

1 アーモンドクリームを作る。ボウルにBを入れ
　て泡立て器でよく混ぜ、Cを加えてなめらかに
　混ぜる。＊ポリ袋を使っても可（下記参照）。

2 パイ生地を作る。ポリ袋にAを入れ、袋の口を
　ねじってしっかりと閉じ、よく振り混ぜる。オ
　イルを加え振り混ぜ、ぽろぽろの状態になった
　ら牛乳を加えてさらに振り混ぜる。ざっとまと
　まればOK。

3 袋を切り開き、二つ折りにしてのすことを4〜
　5回繰り返して生地を整え、軽く丸めてオーブ
　ンシートに乗せる。

4 ラップを生地の上に乗せ、直径28cm程度にめ
　ん棒で伸ばす。ラップを外し、周囲の生地を内
　側に折り込むようにしながら高さ1〜1.5cm程
　度立ち上げて縁取り、直径22cm程度の円形に
　形作る。

5 オーブンシートごと天板に乗せ、底面にフォー
　クで空気穴をあける。軽く混ぜ返した1を塗り
　広げ、りんごを並べる。粉砂糖をふり、200℃
　のオーブンで20分ほど焼く。

PROCESS

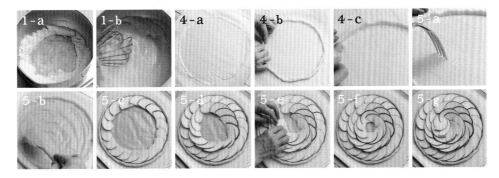

アーモンドクリームをポリ袋で作る場合
ポリ袋にBを入れてよく振り混ぜ、Cをよく混ぜ合わせて
加える。振り混ぜてなじませた後、なめらかに揉み混ぜる。

きび砂糖とくるみのパイ

特別な材料を使わない、きび砂糖の自然な甘みがしみじみおいしい、普段着のおやつパイです。
焼き立てを切り分けて、バニラアイスクリームを添えるのもおすすめ。

材料（直径約22cmのもの1台分）

パイ生地

A 薄力粉…70g　強力粉…30g
　│きび砂糖…15g
　│ベーキングパウダー…小さじ1/4
　│塩…ふたつまみ

オイル…35g　牛乳…15g

アーモンドクリーム

B アーモンドパウダー…30g
　│きび砂糖…60g

C 卵…1個　オイル…20g

くるみ…30gほど

下準備

・卵は室温に戻す。・くるみは粗く砕く。
・オーブンを200℃に温める。

ポリ袋とボウルで作る

1 アーモンドクリームを作る。ボウルにBを入れて泡立て器でよく混ぜ、Cを加えてなめらかに混ぜる。

2 パイ生地を作る。くるみを砕いたものとは別のポリ袋にAを入れ、袋の口をねじってしっかりと閉じ、よく振り混ぜる。オイルを加え振り混ぜ、ぽろぽろの状態になったら、牛乳を加えてさらに振り混ぜる。ざっとまとまればOK。

3 袋を切り開き、二つ折りにしてのすことを4〜5回繰り返して生地を整え、軽く丸めてオーブンシートに乗せる。

4 ラップを生地の上に乗せ、直径28cm程度にめん棒で伸ばす。ラップを外し、周囲の生地を内側に折り込むようにしながら高さ1〜1.5cm程度立ち上げて縁取り、直径22cm程度の円形に形作る（P.83参照）。

5 オーブンシートごと天板に乗せ、底面にフォークで空気穴をあける。軽く混ぜ返した1を流し入れてくるみを散らし、200℃のオーブンで15分ほど焼く。

フレッシュピーチのパイ

パイ生地だけをサクッと空焼きし、電子レンジでかんたんに作ったカスタードクリームと
フレッシュな桃を重ねます。生クリームとラズベリーも一緒に乗せたら
ピーチメルバみたいにキュートなデザートパイに。

材料（直径約16cmのもの1台分）

パイ生地

A 薄力粉…60g
　きび砂糖…15g
　ベーキングパウダー…ふたつまみ
　塩…ひとつまみ
オイル…20g　牛乳…10g

カスタードクリーム

B グラニュー糖…25g
　コーンスターチ…5g
　牛乳…65g
卵黄…1個　バター…20g

仕上げ用

生クリーム…60g　桃…1個
ラズベリー、ミントの葉…各適量

下準備

・オーブンを190℃に温める。

仕上げのクリーム
絞りは、モンブラ
ン用口金を使用。

ポリ袋とボウルで作る

1 パイ生地を作る。ポリ袋にAを入れ、袋の口をねじってしっかりと閉じ、よく振り混ぜる。オイルを加え振り混ぜ、ぽろぽろの状態になったら、牛乳を加えてさらに振り混ぜる。ざっとまとまればOK。

2 袋を切り開き、二つ折りにしてのすことを4～5回繰り返して生地を整え、軽く丸めてオーブンシートに乗せる。

3 ラップを生地の上に乗せ、直径22cm程度にめん棒で伸ばす。ラップを外し、周囲の生地を内側に折り込むようにしながら高さ1～1.5cm程度立ち上げて縁取り、直径16cm程度の円形に形作る。

4 オーブンシートごと天板に乗せ、底面にフォークで空気穴をあける。190℃のオーブンで14分ほど焼く。

5 カスタードクリームを作る。電子レンジOKのボウルに卵黄を入れて泡立て器でほぐし、Bを表記の順に加えてその都度よく混ぜる。ラップをかけずに時々混ぜながら電子レンジで2～2分30秒ほど加熱して、とろりとしたクリーム状にする。バターを加えてなめらかに混ぜ、ボウルの底を氷水に当てて混ぜながら完全に冷ます。

6 仕上げる。冷めたパイの上に5を塗り広げる。生クリームを八分立て程度に泡立て、モンブラン用の口金を付けた絞り出し袋に入れて、パイの周囲にぐるぐると絞り出す。皮と種を除いて食べやすく切った桃を乗せて、ラズベリーとミントの葉を散らす。

オレンジフロランタン

オレンジピールが入ったトッピングは少しソフトな食感に焼きあがります。
ポリ袋で土台の生地を作り、小ぶりなホーローバットで食べ切りやすい分量の
フロランタンを焼く手軽さ、ぜひ体験してみてください。

材料（21×16.5×深さ3cmのバット1台分）

土台
A 薄力粉…75g
　│グラニュー糖…15g
　│塩…少々

B オイル…25g　牛乳…15g

トッピング
C バター…40g　生クリーム…40g
　│グラニュー糖…30g
　│はちみつ…10g

オレンジピール…40g
スライスアーモンド…50g

下準備

・バットにオーブンシートを敷く。
・オーブンを180℃に温める。

 ポリ袋とボウルで作る

1 土台を作る。ポリ袋にAを入れ、袋の口をねじってしっかりと閉じ、よく振り混ぜる。Bをフォークでよく混ぜて加え、ひとまとまりになるまで振り混ぜる。袋を切り開き、生地を二つ折りにしてのすことを3〜4回繰り返して、均一な状態にする。

2 バットに入れ、手で押して平らに敷き詰める。底面にフォークで空気穴をあけ、180℃のオーブンで13分ほど焼く。

3 トッピングを作る。鍋にCを入れ、時々混ぜながら中火で煮詰める。ベージュ程度に色づいたら火を止め、オレンジピールとスライスアーモンドを加えてさっと混ぜる。

4 3を熱いうちに2の土台に乗せて全体に塗り広げ、180℃のオーブンで12分ほど焼く。

PROCESS

POINT

できあがりを切り分ける

フロランタンの粗熱が取れ、十分に触っていられる状態になるまで冷ます。

まな板にオーブンシートを敷き、フロランタンをひっくり返して乗せる。

よく切れる波刃のナイフを小刻みに動かしながら、まずは端を切り落とす。

好みの大きさに切り分ける。

コーヒーフロランタン

生地にもトッピングにもインスタントコーヒーを混ぜ込んだ、
コーヒーの香りがとても豊かなフロランタンです。コーヒーの分量はお好みに合わせて加減を。

材料（21×16.5×深さ3cmのバット1台分）

土台

A 薄力粉…75g

　｜グラニュー糖…15g

　｜塩…少々

B オイル…25g　牛乳…15g

インスタントコーヒー（顆粒）…小さじ1

トッピング

C バター…40g　生クリーム…40g

　｜グラニュー糖…30g

　｜はちみつ…10g

スライスアーモンド…50g

インスタントコーヒー（顆粒）…小さじ1

下準備

・バットにオーブンシートを敷く。

・オーブンを180℃に温める。

 ポリ袋とボウルで作る

1 土台を作る。ポリ袋にAを入れ、袋の口をねじってしっかりと閉じ、よく振り混ぜる。Bをフォークでよく混ぜて加え、インスタントコーヒーも顆粒のまま加えて、ひとまとまりになるまで振り混ぜる。袋を切り開き、生地を二つ折りにしてのすことを3〜4回繰り返して、均一な状態にする。

2 バットに入れ、手で押して平らに敷き詰める。底面にフォークで空気穴をあけ、180℃のオーブンで13分ほど焼く。

3 トッピングを作る。鍋にCを入れ、時々混ぜながら中火で煮詰める。ベージュ程度に色づいたら火を止め、スライスアーモンドとインスタントコーヒーを加えてさっと混ぜる。

4 3を熱いうちに2の土台に乗せて全体に塗り広げ、180℃のオーブンで12分ほど焼く。

胡麻とココナッツのフロランタン

ココナッツと胡麻、南国の風に和の香りをふわりと乗せるイメージで作りました。
ほかのフロランタンも同じく、冷蔵庫に置いて冷やして食べてもおいしいですよ。

材料 (21×16.5×深さ3cmのバット1台分)

土台

A 薄力粉…75g

　グラニュー糖…15g

　塩…少々

B オイル…25g　牛乳…15g

トッピング

C バター…40g　生クリーム…40g

　グラニュー糖…30g

　はちみつ…10g

炒り胡麻(好みの色)…15g

ココナッツロング…35g

下準備

・バットにオーブンシートを敷く。

・オーブンを180℃に温める。

 ポリ袋とボウルで作る

1 土台を作る。ポリ袋にAを入れ、袋の口を
ねじってしっかりと閉じ、よく振り混ぜる。
Bをフォークでよく混ぜて加え、ひとまと
まりになるまでさらに振り混ぜる。袋を切
り開き、生地を二つ折りにしてのすことを
3〜4回繰り返して、均一な状態にする。

2 バットに入れ、手で押して平らに敷き詰め
る。底面にフォークで空気穴をあけ、180
℃のオーブンで13分ほど焼く。

3 トッピングを作る。鍋にCを入れ、時々混
ぜながら中火で煮詰める。ベージュ程度に
色づいたら火を止め、炒り胡麻とココナッ
ツロングを加えてさっと混ぜる。

4 3を熱いうちに2の土台に乗せて全体に塗
り広げ、180℃のオーブンで12分ほど焼く。

サワークリームベイクドチーズケーキ

グラハム粉入りのクッキーを土台にしたプレーンなベイクドチーズケーキ。
酸味のサワークリームを重ねて3層のおいしさを実現しました。
トップのサワークリームは、電子レンジで少しやわらかくして使うと塗りやすくなります。

材料（直径15cmの底の取れる丸型1台分）

土台

A 薄力粉…60g
　グラハム粉…5g
　グラニュー糖…15g
　塩…ひとつまみ

オイル…20g

チーズ生地

　クリームチーズ…200g
　グラニュー糖…50g
　卵…2個　生クリーム…80g
　薄力粉…10g

トップ

C サワークリーム…90g
　生クリーム…10g
　粉砂糖…15g

下準備

・クリームチーズと卵は室温に戻す。
・型の底にオーブンシートを敷く。

直径19cmほどのオーブ　底に敷きこむ。
ンシートを用意し、周
囲に切り込みを入れる。

・オーブンを180℃に温める。

🥄🥣 ポリ袋とボウルで作る

1 土台を作る。ポリ袋にAを入れ、袋の口
　をねじってしっかりと閉じ、よく振り混
　ぜる。オイルを加え、袋の口をねじって
　しっかりと閉じ、大小のかたまりがごろ
　ごろとできるくらいまで振り混ぜる。型
　に入れ、手で押して平らに敷き詰める。
　フォークで空気穴をあけ、180℃で20分
　ほど焼く。

2 チーズ生地を作る。ボウルにクリームチ
　ーズを入れて泡立て器でやわらかく混ぜ、
　材料を表記の順に加えて（薄力粉はふる
　い入れる）その都度なめらかに混ぜる。
　＊ハンディーブレンダーやフードプロセ
　ッサーで一度に混ぜるとかんたん。

3 1の土台を紙ごと型から出したら、まず
　底面の紙を戻し入れ、切り込みの内側に
　側面の紙を入れ、1の土台を戻す。2を
　ザルなどでこしてから型に流し入れ、
　160℃のオーブンで40分ほど焼く。

4 Cをよく混ぜ合わせてトップのクリーム
　を作る。3の粗熱が取れて生地が落ち着
　いたら、クリームを塗り広げ、180℃の
　オーブンで4〜5分焼く。

PROCESS

1-a

1-b

3

4-a

4-b

クランブル パンプキンチーズケーキ

同じ生地を使ったお菓子でも焼き型が変われば、印象もガラリと変わります。
丸型を選びがちなチーズケーキをパウンド型にして、
クランブルを乗せて焼けば、こんなに愛らしい表情に。

材料（18×7.5×7.5cmのパウンド型1台分）

クランブル
A 薄力粉…50g
| アーモンドパウダー…15g
| ブラウンシュガー…20g
| 塩…ひとつまみ

オイル…20g

チーズ生地
　クリームチーズ…120g
　ブラウンシュガー…35g
　はちみつ…10g
　塩…少々
　卵…1個
　生クリーム…80g
　薄力粉…10g
　かぼちゃ（正味）…120g

下準備

・クリームチーズと卵は室温に戻す。
・かぼちゃは4cm角くらいに切り、
　蒸すか電子レンジでやわらかく加熱し、
　皮を除いて120g計量する。
・型にオーブンシートを敷く。
・オーブンを170℃に温める。

ポリ袋とボウルで作る

1 クランブルを作る。ポリ袋にAを入れ、袋の口をねじってしっかりと閉じ、よく振り混ぜる。オイルを加え、袋の口をねじってしっかりと閉じ、よく振り混ぜてぽろぽろのそぼろ状にする。

2 チーズ生地を作る。ボウルにクリームチーズを入れて泡立て器でやわらかく混ぜ、材料を表記の順に加えて（薄力粉はふるい入れる）その都度なめらかに混ぜる。
　＊ハンディーブレンダーやフードプロセッサーで一度に混ぜるとかんたん。その場合は3でこさなくてOK。

3 2をザルなどでこしてから型に流し入れ、クランブルを乗せて、170℃のオーブンで30分ほど焼く。

PROCESS

ラズベリーレアチーズデザート

ココアのクランブルをグラスの底に忍ばせて、トッピングにも散らします。
「お菓子の飾りやアクセントにクランブルをちょっと使いたい」、そんな時にこそ
ポリ袋の出番。面倒なことなしにササッと作れ、本当に頼りになります。

材料（5〜6人分）

クランブル
A 薄力粉…30g
  アーモンドパウダー…15g
  ココアパウダー…5g
  グラニュー糖…15g
  塩…少々

オイル…15g

チーズ生地
  クリームチーズ…120g
  グラニュー糖…60g
  生クリーム…100g
  ラズベリー（冷凍）…200g
  レモン果汁…10g

粉ゼラチン…5g　水…30g

B ホワイトチョコレート…20g（細かく刻む）
  生クリーム…15g

仕上げ用
生クリーム、ミントの葉…各適量

下準備

・ラズベリーはキッチンペーパーに広げ、半解凍する。
・クリームチーズは室温に戻す。
・粉ゼラチンを水に振り入れてふやかした後、
　電子レンジに数秒かけて溶かす。
・天板にオーブンシートを敷く。
・オーブンを180℃に温める。

🥄🥣 ポリ袋とボウルで作る

1 クランブルを作る。ポリ袋にAを入れ（ココアパウダーは茶こしを通す）、袋の口をねじってしっかりと閉じ、よく振り混ぜる。オイルを加え、袋の口をねじってしっかりと閉じ、よく振り混ぜてぽろぽろのそぼろ状にする。天板に広げ、そぼろ状のまま180℃のオーブンで13分ほど焼き、冷ましておく。

2 チーズ生地を作る。大きめのメジャーカップなどの容器にクリームチーズとグラニュー糖を入れてハンディーブレンダーでよく撹拌する。生クリーム、ラズベリーとレモン果汁、ゼラチン液を順に加え、その都度なめらかに撹拌する。
＊フードプロセッサーで混ぜてもOK。

3 トッピングの分を残してグラスにクランブルを分け入れ、電子レンジか湯せんにかけて溶かしたBを回しかけて（POINT参照）、2を流し入れる。ラップをかけ、冷蔵庫で冷やし固める。

4 仕上げる。3が固まったら、八分立て程度に泡立てた生クリームを乗せて残りのクランブルを散らし、ミントの葉を飾る。

POINT

レアチーズデザートの底を組み立てる

グラスにクランブルを入れる。

Bを電子レンジか湯せんにかけてなめらかに溶かし、クランブルにかける。

稲田多佳子 (いなだ・たかこ)

京都生まれの京都育ち。ウェブサイト「caramel milk tea」
に毎日アップされるお菓子の写真とエッセイが評判を呼び、レ
シピ本を多数出版。特に、主婦目線で考案されたさまざまな焼
き菓子は、だれでも失敗なく作れておいしいことから、初心者
はもちろん、多くのお菓子好きの心を魅了する。現在も、特別
な道具がなくても気軽にポリ袋で作れるお菓子をはじめ、お菓
子や料理に関する研究を日々続けながら、年に数冊のペースで
本づくりをしている。近著に『ポリ袋でつくる たかこさんの
焼き菓子』『ポリ袋でつくる たかこさんのマフィン・スコーン・
パン』(誠文堂新光社) など。
http://takako.presen.to/
Instagram takakocaramel

STAFF
調理アシスタント／若宮 愛
撮影／疋田千里、石川奈都子
デザイン／中山詳子、渡部敦人 (松本中山事務所)
イラスト／松本孝志、中山詳子 (松本中山事務所)
企画編集／株式会社 童夢
撮影協力／UTUWA、AWABEES

材料を混ぜて焼くだけのかんたん・おなか満足レシピ

ポリ袋でつくる たかこさんのあたらしい焼き菓子

2020 年 11 月 12 日　発　行　　　　　　　　　NDC596

著　者　稲田多佳子
発行者　小川雄一
発行所　株式会社 誠文堂新光社
　　　　〒113-0033 東京都文京区本郷 3-3-11
　　　　[編集] 電話 03-5800-3614
　　　　[販売] 電話 03-5800-5780
　　　　https://www.seibundo-shinkosha.net/
印刷・製本　図書印刷 株式会社